哲学者小川仁志の教え

Hitoshi OGAWA

「まいっか」というだけで幸せになる

はじめに

言葉ありき

最近、日本思想の研究に力を入れています。外国の思想との一番の違いは、なんといっても日本語です。日本思想の内容は神道から仏教や武士道、国学など様々ですが、唯一共通しているのは、日本語で思考し、日本語で語られてきたということです。

そこから私も日本語に強い関心を持つようになりました。そして普段、何気なく使っている言葉が、いったいどういう意味を持っているのかを考えてみたくなったのです。もちろん言葉の意味そのものは辞書を引けばわかるのですが、その背景にあるもっと深いところを知りたくなったのです。

つまりそれは言葉を哲学するということにほかなりません。哲学とは物事の本質を探究する営みです。哲学者は難しい概念について哲学するのが仕事ですから、そういう言葉の探究はよくなされていますが、日常語が哲学されることはまずありません。

そこで本書では、読者のみなさんも日常生活でよく使っている言葉を哲学してみました。中には辞書に載っていないような新しい言い回しや、くだけた表現も含まれています。あくまで日常を振り返ってみて、よく使う言葉やよく聞く言葉を拾い上げた結果です。

そうして改めて日常の言葉を哲学してみると、「自分の暮らしを見つめる視点」がガラッと切り替わりました。そして多くの場合、それによって心を晴れ晴れとさせることができることに気づいたのです。たとえば、「まいっか」とつぶやくことで、幸せな気分になるというふうに。私たちが日ごろ何気なく使っている言葉も、それなりに意味があって選ばれています。

どんなに短い表現であっても、決して無意味に口走っているわけではありません。したがって、その言葉の意味をよく考えてみると、なんだか愛おしく思えてくるのです。本書ではその愛おしさを「哲訳」で表現してみました。「哲訳」とは、やさしい言葉で哲学的な本質を考えるということです。「哲訳」すると、その言葉がとても身近に感じられます。あまりよく知らなかった人と話してみることで、親近感がわくのに似ています。

この世の中は言葉でできています。人を知るにも社会のことを知るにも言葉が必要です。聖書ではないですが、はじめに言葉ありきなのです。ぜひ一度、みなさんも身の回りの言葉について考えてみてください。きっと幸せな気分になれるはずですから。

目 CONTENTS 次

Part-2 ぽつぽつ、ぼそぼそ

Part-3 かちかち、ずばずば

目 CONTENTS 次

Part-1

ふわふわ、ひらひら

曖昧で、つかみどころがない。
語尾をのばしたり、
消え入りそうな言い終わりに、
なぜか私たちは
耳をすましたくなる。

心地よさを思い出して

ふわふわした気持ちになったとき、もしかしたら心は宙に浮いているのかもしれない。まるで空に浮かぶ雲みたいに。そういえば、ふわふわのベッドに横になると、雲の上に乗っかったような気になる。本当はどんな感じなのか知らないくせに。いや、夢の中では体験したことがある。すごく気分がよかったのを覚えている。文字通り夢見心地でふわふわとしていた。

思うままにやっていいんだよ

ひらひらと花びらが舞い降りる。たとえば桜。本当は散っていくのだけれど、不思議と寂しくはない。右に左に揺れながら、ダンスを楽しんでいるかのごとく。ひらひらした動きには自由がある。ひらひらと縦横無尽に空を舞う蝶は、自由の象徴でもある。蝶のようにひらひらと舞いながら思考してみたらどうなるだろう？　きっともっと自由な発想ができるに違いない。

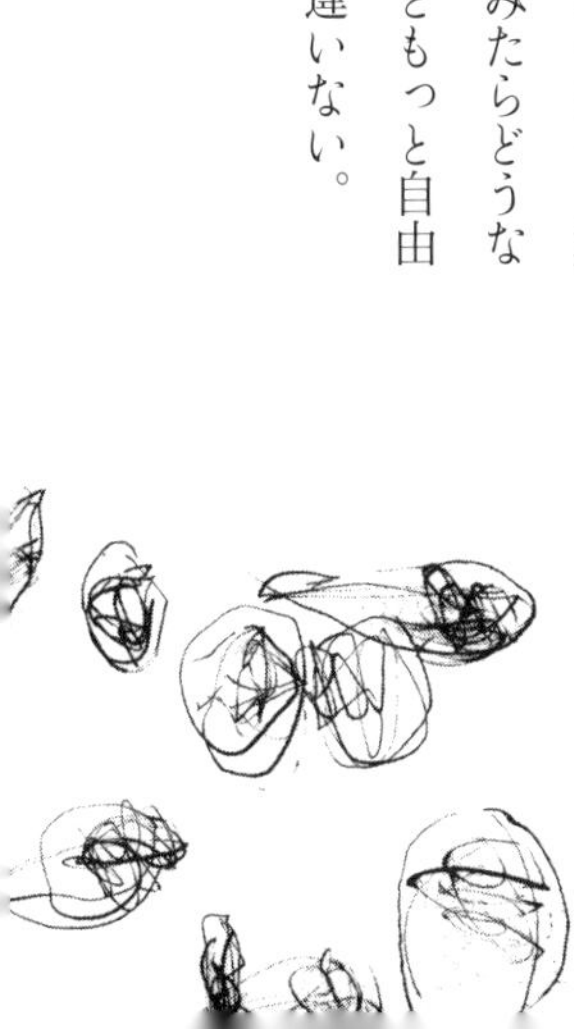

遠慮がちに、相手の懐に入る言葉は、すんなりと受け入れてもらえる

「ふわふわ」というオノマトペは、やわらかくて宙に浮いているようなイメージを想起させるものです。したがって、「ふわふわとした感じ」といえば、とにかくやわらかくて、とらえどころがないような感じを意味するわけです。でも、なんだか存在感があって、気になる。だから触ってみたくなるし、乗っかってみたくなるのです。

それを言葉にあてはめてみると、はっきりといい切るのではなく、曖昧でモヤッとした感じを伝えるものになるでしょう。そのため、語尾を伸ばしたり、言い終わりが小さくなったりしがちです。

Ｐａｒｔ１では、まず、そんなふわふわした言葉を中心に哲学しています。たとえば、「よろしければ」「なんとなく」「まぁまぁ」といったように。これらはいずれもビシッといい切る内容のものではなく、遠慮がちに相手の懐に入っていく言葉です。でも、いわれたほうはなぜか乗っかってみたくなるのです。

これに対して、「ひらひら」というオノマトペは、どこからか舞っ

て降りてくるようなイメージです。まさにひらひらと花びらが舞い降りてくるように。あるいは蝶が上下に揺れながら舞うように。ストレートにズバッと入ってくるのではなく、静かにかつ軽やかに入ってくるのです。

そのせいか、なんとなく受け入れてしまいます。花びらや蝶を手で受け止めるかのごとく。これを言葉にあてはめると、「ひらひら」とした言葉もまた、「ふわふわ」と同じでとてもやわらかいものです。やはり遠慮がちに語尾を伸ばしたり、言い終わりが小さくなります。

Ｐａｒｔ－１でいうと、「どうも」や「ちょっといいかな？」がその典型です。こういう言葉をかけられると、私たちは不思議とそれをすんなりと受け入れてしまいます。もしかしたら、人はひらひらしたものに弱いのかもしれませんね。

Ｐａｒｔ－１では、そんな「ふわふわ」「ひらひら」した言葉の本当の姿を哲学してみたいと思います。

よろしければ

哲訳
*判断のハードルを下げるもの

そっと背中を押してくれる

「よろしければご連絡先のご記入をお願いします」。小さなギャラリーに個展を見にいったとき、そんなふうにいわれました。その個展を開いていたアーティストの言葉です。今後の活動などを案内してくれるとのことで、一瞬迷いましたが、連絡先を記入しました。彼女のアートに興味はあったものの、個人情報を出すということに抵抗があるのです。

こういうとき、「よろしければ」といわれると、つい書いてしまいます。もしこれが「必ず」だと完全に抵抗してしまうと思うのです。役所の申請書や契約の申込書などでは、「必ず」という言葉を見受けることもありますが、その場合こちらに裁量権がないのだから仕方ありません。また、何も言葉がついていないと、書こうとは思わないでしょう。義務でもないわけですから。

ところが、「よろしければ」という言葉には、こちらに考える契機を与え、かつ判断を委ねる効果があるのです。本来の意味は「さしつかえなければ」「支障がなければ」ということなのですが、「よろしければ」にはそれとは異なるニュアンスが含まれているように思います。というのも、さしつかえや支障は問題を意味する言葉だからです。そういう問題がなければというのとは違って、「よろしければ」というのは、あなたさえ気が進めばというニュアンスが入ってくるのです。これは問題の有無にかかわりません。

「問題がなければ」といわれると、こちらは構えてしまいます。問題があるかもしれない、問題をクリアーしなければならないと。最初から何か問題があるなら別ですが、そうではない場合、わざわざ「問題がなければ」などと寝た子を起こすようなことをいう必要はないのです。

その点で、「よろしければ」という問いかけは、私たちが単にそれを快と感じるか不快と感じるかという低いハードルを設定するものにすぎません。快か不快かの二択なら、かなりの確率で快を選ぶでしょう。だから勧めに応じてしまうのです。「よろしければ」は、私たちの背中をそっと押してくれる言葉なのかもしれません。

懐かしい

哲訳 *過去への扉を開く呪文

心を癒やしてくれる

私はよく引っ越しをするのですが、そのたびに昔の写真などを発見します。そして思わず「懐かしい」とつぶやいてしまいます。ある時期の写真を見ると、そのときの色々な経験がよみがえってくるものです。いいことも悪いことも含めて。

よく祖母が、終戦直後の大変だった時代のことを思い出して、「懐かしい」といっていました。あれはきっと、「大変なことも多かったけれど、あの時代も悪くはなかったかな」という自己肯定のためのつぶやきだったのでしょう。

人はつらさを乗り越えるものです。そして思い出は美化されていきます。「懐かしい」という言葉は、そんな記憶を更新するための言葉なのかもしれません。

したがって、この言葉を発するとき、人は過去のいい思い出の中に自分を浸し、心をリフレッシュさせるわけです。まるで温かいお風呂につかって疲れた体を癒やすかのように。そういえば人がお風呂に入ると癒やされるのは、母親の羊水の中でふわふわと浮いていた、いい思い出があるからかもしれませんね。

今を生きるというのは大変なことです。いいこともあれば悪いこともある。だからいいことに目を向ければ、生きる勇気がわいてくるのです。また同じようないいことがあるかもしれないと。

誰しも少しくらいはいい思い出があるものです。でも、人はそれを忘れてしまう生き物です。それさえ思い出すことができれば、厳しい日常を乗り切ることができるのに。そんなとき、いい思い出をよみがえらせてくれるようなものを発見すると、ついこの「懐かしい」という言葉を口にしてしまいます。

あたかもそれは、過去にタイムスリップするための呪文のようなものです。懐かしい場所を前にして、「懐かしい」と唱えることで過去への扉が開く。開け～ゴマ！　と同じです。

できるだけ

哲訳 * 努力の約束

誠意を見せることができる

「どれくらい？」と分量を聞いて、一番困るのが、「できるだけ」という答えです。「できるだけ」というのは、自分ができる限界を意味する言葉です。だから、逆に人に何かをしてあげようとするときにも、「できるだけのことはします」などといいます。これは自分ができる限界までやりますという宣言なのです。ドラマでよく耳にするセリフです。

具体的な分量を表せばいいようなものですが、一つにはそれが難しいということがあるのでしょう。なにより、具体的に数字を出すよりも、限界までやりますといったほうが、誠意が伝わります。したがって、むしろ具体的な分量よりも誠意のほうこそを伝えたいときに、この言葉を使うのです。

人に何かをお願いするときには、私たちはそうした誠意のようなものを要求しているのかもしれません。「できるだけたくさんお願いします」というときには、言外に限界まで頑張ってくださいという気持ちが込められているのです。

では、仮に限界までやったとして、結果が大したことなかったり、結果が出なかったらどうなるのでしょうか？　具体的な数字が示されている場合は、契約違反になったり、約束に反するということもあり得るでしょう。五つお願いしますといわれたのに、四つしか持ってこなければ、約束違反です。

ところが、五つ必要なときでも、単に「できるだけ」といわれた場合には、仮に三つでも許してもらえます。感謝さえしてもらえるかもしれません。四つだと怒られるのに、三つでも褒められるなんて、なんだか矛盾するようにも感じます。

ここが「できるだけ」という言葉の本質なのです。「できるだけ」ということは、相手が精一杯やってくれさえすればそれでいいのです。たとえ結果が出なかったとしても。いわば努力をするという約束なのです。お願いするほうは努力を求め、やるほうも努力することを約束する。なんとも美しいですね。だからドラマでよく耳にするのかもしれません。

やったー！

哲訳＊心の中の命中

喜びを表現することができる

私たちはよく「やったー！」と叫びます。誰かに聞いてもらって「よかったね」といってもらいたいとき、周囲から注目を集めて目立ちたいとき、自分に向けて放ち〝喜び〟や〝幸せ〟を膨らませたいとき……。あるいは、声に出してはいえないけれど、心の中で密かにつぶやいている人もいるかと思います。

言葉の構成としては、文字通り解すると、「やる」という行為が

終わったという意味になります。それが感嘆詞として使われる場合には、単に何かをし終えたというのではなく、そこに喜びのニュアンスが含まれてくるのです。やり終えて嬉しいと。

もちろん私たちは、これから行われる行為に対しても「やったー!」という表現を使うことがあります。たとえば、夏休みに海外旅行に行けると聞けば、「やったー!」と叫ぶでしょう。でも、この場合は、実は旅行に行くことになったという決定に対して喜びの声を上げているのです。その意味では、やはりもう終わったことが対象になっているわけです。

いずれにしても、「やったー!」というふうに過去形を使うのは、それが確実になったことを強調し、かみしめたいからでしょう。あたかも自分の掌中にそれを収め、もう手放せない状態にしたといわんばかりに。獲物を捕らえた感覚です。

視覚的にも、この言葉は狙った的に命中させたようなイメージがよく似合います。もしかしたらそれは、やるという言葉のニュアンスに起因しているのかもしれません。やるは「遣る」とも書きます。目的地があって、そこに何かを遣わすということです。だから私は、何かが飛んでいって、命中するイメージを抱いてしまうのです。

実際に、願っていたことがかなったり、目的を達するということは、ある種、思いが命中することにほかなりませんから、あながち私のイメージは、それこそ的外れではないのかも!?

なんとなく

哲訳 ＊触角の叫び

真っ先に思いを伝えることができる

「なんとなく落ち着かない」「どうして?」「……」。「なんとなく」というのは、理屈を超えた感覚です。だからどうしてそうなのかと聞かれても、答えられないのです。漢字で書くと「何と無く」となるように、何だとはっきりいえるものが無いのだから仕方ありません。では、どうしてそのようなことが起こり得るのか?

おそらくそれは、人間が感覚を持っているからだと思います。感

性といい換えてもいいでしょう。人は何かを感じる機能を持っています。あたかも触角を持った昆虫のように。だからそのアンテナが何かを察知しているのです。

でも、自分ではそれがなんだかわかっていません。そうした難しい解析は、頭が行います。そして解析のためには十分な情報がいるのです。アンテナが何かを察知した段階では、まだ十分な情報がないのでしょう。そのあとで、目で見たり、耳で聞いたりしてようやく情報が入ってくるのです。だからそれまでは何かを感じているとしても、それが何なのかはわかりません。

わからないなら何もいわなくていいようなものですが、そういうわけにもいかないのです。何かを感じているのはたしかですから。それを伝えないといけないことだってあるでしょう。危険が近づいているような場合は特にそうです。根拠はないけれども、よくないことが起こりそうな気がするときに、「虫の知らせ」という表現を使います。

人間は虫ではないですが、虫と同じように見えない触角を持っているのです。その触角が人に何かを伝えようと叫びます。これは別に嫌な予感がするときに限った話ではありません。気分がいいときや、誰かのことが好きなときにも。理由なんてあとからでいいのです。今すぐ気持ちを伝えたい。そんなとき思わず口にするのが「なんとなく」なのではないでしょうか。「気持ちいいー」「どうして？」「なんとなく」というふうに。

まぁまぁ

哲訳 ＊心を抑えるクッション

いい関係を維持できる

「調子はどう？」と聞いて、返ってきた返事の中で一番多かったのが、この「まぁまぁ」です。「まぁまぁ」というのは、すごくよくはないけれど、決して悪くはない状態を形容する言葉です。人に対しても、ものに対しても使います。

では、なぜ「いい」といわないのか？　「いい」なら素直にそういえばいいのに。そこには遠慮があるのだと思います。私たちは、人に対して自分の置かれた状態がいいなどと自慢したくないのです。これは日本人特有の奥ゆかしさだといえます。

はっきり「いい」とか「すごくいい」といえばいいのですが、相手の状況もよくわからないのに、「いい」といってしまっていいのか躊躇するのです。もしかしたら、相手は調子が悪いかもしれない、何か不幸があったかもしれない。そういう気遣いをするわけです。

本当は「いい」と思っていても、その気持ちを抑えて、あえて控えめに答える。そもそもこの「まぁまぁ」という言葉は、興奮する人をなだめたりするときにも使う表現です。「まぁまぁ、落ち着いて」というふうに。もしかしたら、自分に対してもそうやって落ち着くようにいっているのかもしれませんね。

それにしても、なぜ「まぁまぁ」という音を使うのでしょうか？

「まぁまぁ」という代わりに、「まぁ」のみを使う場合を考えてみればわかると思います。「どう?」と聞かれて、「まぁ、いいよ」と答えたとします。この場合は「まぁまぁ」と同じ意味なのですが、「まぁ」がクッションのように使われているのがわかると思います。つまり、いきなり「いいよ」というといかにもストレートすぎるので、「まぁ」というクッションを置くことで、表現を和らげているのです。

「まぁ」に漢字をあてることはありませんが、私は「間」という字をあてはめてみたいと思います。まるで話者間に間合いをとるかのように、この「まぁまぁ」という言葉が作用します。適度な距離、いや「まぁまぁ」の距離を保つために。これによっていい関係が維持できるわけです。

どうも

哲訳 ＊誠意を伝える枕詞

納得してもらえる

「どうも」は様々な場面で使います。副詞としての「どうも」は、「どうも調子が悪い」とか「どうも怪しい」など、根拠がよくわからないときに使います。あるいは、「どうもありがとう」とか「どうもすみません」などのように、深い程度を表すために使います。

まず根拠がよくわからないという場合の「どうも」は、「どうしても」とか、「どう考えても」という言葉に置き換えることができるでしょう。つまり、努力はしているのだけれども、わからないのです。そんなふうに、一応理由や根拠を探っているという努力の部分を示したいときに、この「どうも」を使うように思います。ただ「わかりません」というよりは、「どうもわかりません」といったほうが、答えを探す努力をしたように聞こえますよね。

もっとも、これは相手への誠意のためだけでなく、自分のためでもあるような気がします。煙に巻きたいのかもしれません。腕組みをして「どうもわかりませんなぁ」というような場合です。相手が何かいってくれるのを待つなど、時間かせぎに使うわけです。

では、程度を表す「どうも」はどうかといいますと、これも単に「ごめんなさい」という場合と、「どうもごめんなさい」という場合を比べてみればわかります。「どうも」をつけたほうが心から謝っているように感じるはずです。感謝を表す言葉の場合でも同じです。

とにかく心の底からいっているニュアンスが出るのです。

そこで気づくのですが、根拠がよくわからないときも、深い程度を表したいときも、「どうも」という言葉は誠意を示すための表現なのです。努力はしたというのも、心からというのも、誠意を示すことにほかなりません。

実は「どうも」には、感嘆詞の用法もあって、「こんにちは」といわれて、「あ、どうも」と答えるときのように挨拶として使います。この場合は一見誠意が感じられないようにも思えますが、本当は「どうもわざわざご丁寧に」という気持ちが含まれているのです。

私の知る限り、英語や中国語にはこれにピッタリあてはまる表現はないように思います。つまり、日本人特有の不器用さゆえ、その気持ちのすべてがいい表せていないだけなのです。だからぶっきらぼうに「どうも」とだけ挨拶する人って、どうも憎めませんよね!?

ちょっとだけ

哲訳＊人生のハードルを下げるネジ

日常が生きやすくなる

急に飲み会に誘われて、「じゃ、ちょっとだけ」と返事をしたことはありませんか？　あるいは、英語が話せるかと尋ねられて、「ちょっとだけ」と答えたことはありませんか？　いずれにも共通しているのは、量的少なさです。「ちょっとだけ」というのは、文字通り解すると、少しだけということですから。

ただ、「ちょっとだけ」といったくせに、たいてい飲み会には長々と付き合ってしまうことが多いと思います。英語も本当はもっとできるのです。できなければ「ちょっとだけ」とはいいません。「全然ダメ」と答えるはずです。飲み会だって、嫌なら断っているでしょう。

では、どうして「ちょっとだけ」などというのでしょうか？　一つは遠慮だと思います。誘われて「ガンガン行きますよ」とはいいにくいでしょうから。英語も「かなりできますよ」なんていうと、ハードルを上げてしまうことになります。もう一つは、まさにこのハードルを下げることと関連しているのですが、「ちょっとだけ」ということで、物事を始めやすくなるのです。

これは、こちらから何かをお願いするときに使う「ちょっとだけ」を見ればわかります。多少無理そうなことも、「ちょっとだけ」といってお願いすれば、引き受けてもらえることがありますよね。大きなアクションを起こすのには勇気や決断がいりますが、ほんの小さなことだと思えれば、ためらうことなく始めることができるものです。

大人が跳ぶハードルは普通、男子なら1メートル、女子でも84センチくらいあって、とても跳び越えられそうにありませんが、子ども用の70センチ程度なら越えられそうな気がします。それなら、ちょっとだけ下げて跳べばいいのです。跳べたらちょっとだけ上げてみる。これは何事にもあてはまるものです。その意味で、「ちょっとだけ」という言葉は、人生のハードルを下げて日常を生きやすくするためのネジみたいなものなのかもしれません。

考えてみれば

哲訳 *再考する技術

人生を肯定することができる

「考えてみれば」という言葉は、こんな感じで使うのではないでしょうか。「まぁよく考えてみれば、このやり方でも～」なんていうふうに。ここでのポイントは、「まぁ」と「よく」、そして「でも」です。これら「考えてみれば」を取り巻くいくつかのニュアンスが、この言葉の本質をいい表しているように思うのです。

そもそも「考えてみれば」というのは、考えることをやってみたということです。つまり、まだそれをしていなかったので、やってみたわけです。何かを行うときに、よく考えずにやってしまった。もしくは、別の方法や視点で考えてみたということでしょう。あるいは、自分の行動を再考することで、「考えてみればこれでよかったんだ」と自分の出した答えがそう悪くないことを確かめられることもあるかもしれないし、「考えてみれば仕方ないよな」と自分をあきらめさせて納得させることもあるかもしれません。

「考えてみれば」という言葉には、あえて考え直すことで別の見方をしようとする人間の素晴らしさと、済んでしまったことをあきらめざるを得ない人間の切ない部分が表現されているのです。

いずれにしても、一度冷静になる必要があるので、「まぁ」というワンクッション置くニュアンスがあって、そのうえできちんとすることを意味する「よく」という副詞を付け加えます。いったん落ち着いて、きちんと考えてみると何か新しい答えが出てくる。それがたいていは、当初は想定していなかったか、当初はダメだと思っていた答えの再評価につながるのです。だから「このやり方でも」というふうに「でも」が続くのです。

こんなふうに、物事を再考するために使われるのが、「考えてみれば」という表現です。人間はなんでも慎重に物事を決めているわけでも、熟慮する猶予が与えられるものでもないのです。したがって、必然的にベストな道を選べるとも限りません。

もしそんなとき後悔ばかりしていては、暗い人生になってしまいますよね。だから再考して、自分の選んでしまった答えがそう悪くないことを確認し、納得させようとします。あえて考え直すことで、別の見方をしようとするわけです。そのとき使われるのが、この「考えてみれば」です。その意味で、「考えてみれば」は、自分の人生を肯定するための言葉なのかもしれません。

別に

哲訳 *心からのSOS

気にしてもらえる

「別に」と聞くと、怒っているのかなと感じてしまいます。というのも、「別に」というのは、「別に大したことない」「別にいい」といった表現の省略形で、相手にかまってほしくないときに使う言葉だからです。これといって特段のこと、別段のことはないというニュアンスです。ただ、略さずにいう場合には、かまってほしくないというより、相手を気遣っている場合もあります。「大丈夫だから気にしないでくださいね」と。

これに対して、「別に」と略していう場合は、かまってもらいたくない気持ちがストレートに表れます。だから、「どうしたの？」と聞かれても、「別に」といった感じで、つっけんどんな言い方になるのです。

でも、本心からかまってほしくないのかというと、実はそんなことはありません。これぞ、この言葉の本質を表しているところだと思います。私たちは、本当はかまってほしいのだけれども、うまくそれが表現できないがために、そっけなく「別に」といってしまうことがあるのです。

かまってほしい子どもが、拗《す》ねてプイとするのと同じです。「どうしたの？」「怒ってるの？」「気分が悪いの？」とかまってもらいたいのに、あえてプイとする。そうすることで、より気にしてもらえると思うから。

その意味では、「別に」はむしろ、助けてという心の叫び、SOSだといってもいいでしょう。素直に助けてといえない状況に陥っているわけですから、普通に助けなければならない状況より深刻です。

したがって、「別に」といっている人がいたら、「あ、別にいいんだ」などとやり過ごしてしまってはいけません。これはSOSだと思って、そのそっけない言葉の背後にある心の叫びに耳を傾けてあげてください。あえて「別に」と表現していても、きっと本当にいいたいことが「別に」あるはずですから。

そっとしておいて

哲訳 *自分の声を聞く機会

思いを汲みとる

「そっとしておいて」というのは、かまわないでくださいという意味です。この場合は、本当にかまってほしくないのでしょう。「そっと」は、静かにというニュアンスの言葉ですが、私を静かな状態にしておいてほしいということです。

誰かのことをいうときも同じです。「あの子は今落ち込んでいるから、そっとしておいて」などといいます。落ち込んでいるという例を使いましたが、そっとしておかなければならないような状況というのは、よほどです。普通は何か言葉をかけたり、何か積極的な働きかけをしてあげるのがいいのでしょうが、落ち込みの程度がひどいような場合には、むしろそれは逆効果です。

だからそっとしておくのが一番なのです。では、そっとしていると、つまり静かにしていると何が起こるというのでしょうか？　まず、本人は心を落ち着かせることができます。そして、なぜ自分がそのような状況に陥ってしまったのか振り返ります。これも広い意味では心を落ち着かせるプロセスだといえます。そうして解決まではしなくても、自分の中である程度納得がいくと、ようやく人とコミュニケーションをとれるようになるのです。

いわば、そっとしておいてもらうことで、人は心を落ち着かせ、納得がいくようになるわけです。そのためには、一人になることが必要です。周囲の声に惑わされることなく、自分の声を聞こうとする。自分の声は静かな状況でしか聞こえてきません。

もう一つ大事なのは、そっとしておくというのが、永遠に続く状態ではないという点です。もしそうなら、問題があります。永遠に自分の殻に閉じこもるというのですから。でも、そっとしておいてもらう時間が必要なのは、あくまで、また元気に外に出てくるためなのです。

お疲れ様

哲訳＊対等なねぎらい

安らぎあふれる空気をもたらす

昔、市役所で働いていたときに、市民に対しては「ご苦労様です」といってはいけないと教わりました。そうではなく、「お疲れ様です」といわなければならないというのです。同じく相手をねぎらう言葉なのに、どうしてだろうと思いましたが、どうやら「ご苦労様」は上から目線になるようです。

たしかにご苦労様というのは、いくら丁寧にいったとしても、相手に苦労をかけたことへのねぎらいになってしまいます。つまり、自分が苦労をかけた主体であることが前提となっています。その上下関係が問題なのです。

これに対して、お疲れ様のほうは、あくまで相手が疲れていることを対等な立場でねぎらっているわけですから、上下関係はありません。しかもお疲れ様ですという敬語表現を用いることで、むしろ下の立場から上の立場の人をねぎらうことも可能になります。だからこういわれると気持ちいいのです。

ねぎらわれて気を悪くする人はいません。ましてや自分が上の立場であるかのようにいわれたら、気持ちよくなるのは当然です。一時期メイドカフェが流行しました。今もありますが、あれはメイドのかっこうをした店員が、あたかも主人をねぎらうかのように接客するところがウケているのです。「お帰りなさいませ、ご主人様」

というふうに。また、少女漫画などで、執事がお嬢様のお世話をする設定にも人気があります。

つまり、男も女もお殿様気分、お姫様気分でねぎらわれたいわけです。ホテルやレストランではもちろんのこと、市役所でさえも。いや、職場でさえも。

お殿様気分やお姫様気分というのは、若干いやらしい気もしますが、単なる挨拶ですから、それでお互いに気分がよくなるならいいじゃないですか。実は英語にはこの「お疲れ様です」に相当する語がありません。逆にいうと、これは日本社会の美徳なのです。ぜひ「お疲れ様」といい合って、社会に安らぎあふれる空気をもたらしたいものですね。

ちょっといいかな？

哲訳 * お小言の前触れ

お灸を据えることができる

「ちょっといいかな？」といわれると、ドキッとします。私が一番この言葉を聞いたのは、会社勤めをしていたときです。上司が急に背後から声をかけるのです。「ちょっといいかな？」と。すると、たいていはよからぬことが起こります。別室に呼ばれ、そこで小言をいわれたり、面倒なことを頼まれたりするのです。

だいたい、私たちが「ちょっと」なんていうときは、ちょっとで済ますつもりはありません。あくまで相手に警戒されないようにそういっているだけです。「これから大変なことをいうけれど、たっぷり時間はあるかい？」なんていったら、皆断るでしょうから。あれこれ言い訳して。そうならないように、ちょっとだけだと最初から前置きするわけです。

もう一つのポイントは、「いいかな？」という疑問文です。これも本当は相手にノーという余地などないのです。にもかかわらず、警戒を解くために、あえて相手に選択の余地があるかのように聞きます。それでも、雰囲気から察して、ここで「いや、今はダメです」なんていう人はいません。部下なら特にそうでしょう。上司は最初からそれがわかっていっているのです。

だから「ちょっといいかな？」は、「今から叱るけど、覚悟はいいな！」を婉曲的に表現したものだといえます。それを知っているから、いわれたほうはドキッとするのです。

もちろん、いいことを伝えるときだって「ちょっといいかな?」ということはあります。そんなときは、逆にビックリします。普通は悪いことだと思いますから。この場合はドキッとしたあと、さらにビックリさせられるので、いいことだとしても心臓に悪いのは間違いないでしょう。

上司の皆さんには、できればほかの言い方がないか考えてもらいたいものです。でも、こういうお灸を据えるような効果があるからこそ、あえて「ちょっといいかな?」を使うのかもしれませんね。

ほらね

哲訳 ＊正しさを考える余韻

反省を迫る

「ほらね」という言葉には、「だからいったじゃない」という表現が続くことがあります。実はいいたいことは、この後半の部分にあります。忠告したにもかかわらず、ある出来事が起こってしまったようなときに使うのがこの「ほらね」なのです。

上から目線のニュアンスがあるので、あまり使わないほうが無難なように思うのですが、どうしてもいってしまいます。きっと自分の正しさを人に認めてもらいたいという一種の承認欲求の表れなのでしょう。だから他人同士で交わされるような、「ほらね」「うん、そうだね（笑）」という会話は、相手が承認しているときにのみ成り立つのだと思います。

具体的にどういうふうに使うかというと、まず「私が前にいったあのことに注目してください」といっておいて、それに対して、「そのとおりでしょ？」「同意しますね？」と聞くわけです。ただ、「だからいったでしょ？」とまでいってしまうと、少ししつこいので、「ほらね」と冒頭の部分だけを使うのです。

なにより、こうして余韻を持たせたほうが、相手が自分で正しさを考えることになるため、効果的なのです。話し手の意図は、相手に反省を迫る点にあるのですから。次回からは自分の忠告をよく守るようにという意味で。

もちろん、この言葉は、忠告した場合に限らず、広く自分のいったことが実際に起こった場合に使うこともできます。たとえば、あらかじめいったとおりのことが起こった場合には、「ほらね」ということが可能です。ニュアンスとしては、どうしても相手を諭す感じにはなってしまいますが。

私もこんなふうに使ったことがあります。きっと気に入るところに連れていくといっているのに、子どもたちが信じてくれなかったことがありました。日ごろそれほど外しているのでしょうか。でも、そのときは本当にいいところに連れていったので、とても喜んでくれました。そこで一言「ほらね」。

この場合は、信じてくれなかったことに対して、「いったとおりでしょ」といいたかったのです。これってやっぱりお父さんを信じなかった子どもたちに反省を迫っているのでしょうか……。

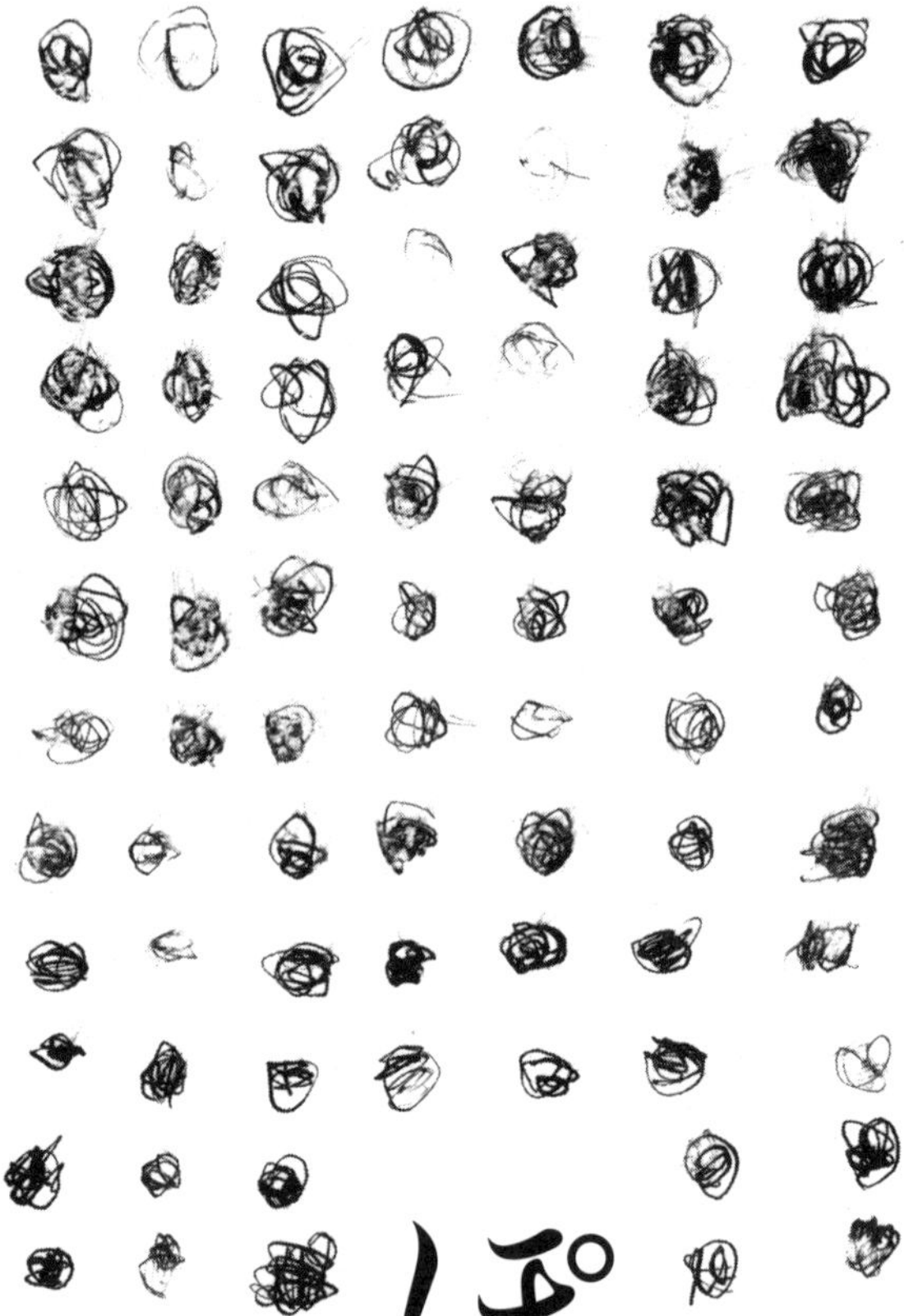

Part-2 ぽつぽつ、ぼそぼそ

少しずつ始めればいい

ぽつぽつと雨が降り出した。一気にではなく、少しずつ。最初は一粒。次に二粒。やがてたくさんの「ぽつ」が集まって、「ぽつぽつ」になるのだ。気づけばたくさんの「ぽつぽつ」が辺り一面に広がっている。人間もそうだ。人間は一気に何かをするのには向いていない。みんなぽつぽつ始める。広場に集まるときも。みんなが集まったときには大きな力になっている。

ありのままでいこう

「ぼそぼそ話してはいけない」といわれる。でも、ぼそぼそ話したくなるときだってある。いつも自信があるわけじゃない。不安なときもあるのだ。それを否定してはいけない。つらいときのおかげで、人は強くなれるのだから。自信がなければぼそぼそ話せばいい。人生は色々あるから素晴らしい。「ぼそぼそ」がその色々のうちの一つであることは間違いない。

誰に向けて、
放たれたのか？
それさえも、
はっきりしない。
目も合わせずに、
小さくつぶやく。
自分に、
いい聞かせながら。

小さなつぶやきにも、切実なメッセージが込められている

「ぽつぽつ」というオノマトペは、「人家がぽつぽつある」とか、「雨がぽつぽつ降ってきた」というように、塊ではなく、小さなものが点在するというようなニュアンスの語です。だからうっかりすると、最初は気づかないのです。でも、よく注意すると感じる。それが「ぽつぽつ」です。

言葉にあてはめると、相手に対して強く主張するのではなく、あくまでつぶやくことによって伝えるような感じです。時にそれは自分に向かって放たれることもあります。五感を働かせ、考えてみると、一つの大きなメッセージになっていることに気づくでしょう。

Ｐａｒｔ-2では、まずそんな「ぽつぽつ」した言葉を中心に哲学していいます。たとえば、「つまんないの」や「いいなぁ」といった言葉が典型です。ただ、つぶやいているだけのように思えて、本当はかなり切実なメッセージが込められています。じっくりと聞けば、それが伝わってくるのです。

これに対して「ぼそぼそ」というオノマトペは、低く小さな声でつぶやくイメージの語です。「ぼそぼそ話す」というように。また、「ぼそぼそしたパン」のように、水分がなくてボロボロ壊れるような状態を指すこともあります。ちょっと触ると壊れてしまうような、そんな繊細さを内に秘めた表現なのです。

言葉に当てはめると、まさに低い声でつぶやくときの語になります。たとえば、いいにくいことをとにかくひねり出しているような。だから誰に向かっていっているのかもわからないのです。

Ｐａｒｔ-2でいうと、「一応」だとか「実は」というのが典型でしょう。いかにもいいにくいことを無理していっているニュアンスが出ています。無理に問いただすと壊れてしまいそうな繊細な言葉です。

Ｐａｒｔ-2では、そうした「ぽつぽつ」「ぼそぼそ」した言葉の本当の姿を哲学してみたいと思います。

まいっか

哲訳 ＊人生の苦しさを調節する弁

生きるのが楽になる

「まいっか」は基本的に自分に向かっていう言葉です。普通は、誰かから「まあいいよ」といわれるわけですが、それを自分に対していっているわけです。そこでこの言葉の意味も、人にいわれる基本形から考えてみたいと思います。「まあいいよ」といわれるのは、自分の行為が一応許される場合です。

たとえば、本当はやらないほうがいいことをやってしまったとき、あるいは合格とはいえないレベルのものをつくったとき。こんなときになぜか認めてもらえたような場合には、「まあいいよ」といわれます。つまり、「まあ」というためらいを表す副詞と、「いいよ」という許可を表す言葉によって、相手はためらいつつも一応の許可をくれるのです。

したがって、それを自分に向かって使うということは、自分の中で自分にそうした許可を与えていることになるわけです。こんなことしちゃったけど、「まいっか」、あるいは完全には合格とはいえないけど、「まいっか」と。

これは自分に甘くするということですが、必ずしも悪いことではありません。というのも、自分に厳しすぎたり、完璧主義なのは、かえって心身にマイナスだからです。甘すぎるのは問題ですが、多少は「まいっか」というくらいの気持ちがないと、生きるのがしんどくなってくるでしょう。それに「まいっか」というだけで気持ちが楽になって、幸せな気分になれるならいいじゃないですか。

人はそう簡単に許してくれません。でも、自分なら自分次第で基準を緩めることが可能なのです。だからこそ甘やかしてはいけないという人もいますが、そこは自分でしっかりと律していけばいいのです。せっかくコントロールできるのですから、厳しくするときは厳しく、その必要がないときは甘く、うまく調節していくのが一番です。

その意味で「まいっか」という言葉は、人生の苦しさを調節する弁のようなものだということができます。「まいっか」は、苦しんでいる自分からの問いかけに対する、もう一人の自分からの答えなのです。

一応

哲訳 ……*できる日本人の奥ゆかしさ

積極的に物事に取り組める

「できたの？」「一応」。日常、よくこんなやり取りがあります。あるいは、「一応プロですから」という返答を耳にすることがあります。まるで他人ごとのように書いていますが、私自身「一応」をこんなふうに使っています。

このときの私の心境はというと、やはり自信がないときです。もともとこの語は、一度往くという意味で、「往く」と書いたようです。それが一通り応じるという意味で「一応」になったのです。

ということは、一通り応じるのだから自信があるようにも聞こえるのですが、そこが逆なのですよね。一通りは応じるけど、完全に満足のいく対応ができるかどうかはわかりませんという意味になるわけです。つまり、「一応はやってみるけど」というニュアンスです。

じゃあこれがダメなのかというと、私は必ずしもそうは思いません。なぜなら、やらない、引き受けないという消極的な態度よりはよほどいいと思うからです。また日本人独特の奥ゆかしさから、「一応」といっている部分もあります。「一応プロですから」というのは、謙遜の表現にほかなりません。その証拠に、英語ではこれにピッタリあてはまる語がありません。ニュアンスによって「first（まずは）」とか「sort of（一種の）」というように色々表現するしかないのです。

その点で「一応」という日本語は非常に便利なものです。だからこそ多用しがちなのですが、これが積極的に行動するための方便になっているとしたら、いくら多用したっていいじゃないですか。それに受ける側もそれをわかっているので、「一応」と聞くと、まるで「一通りやっています」「一通りできます」の意にとらえます。

きっと「一応」は、奥ゆかしい日本人が物事を進めていくうえでの知恵なのでしょう。角を立てないように、自慢して嫌われないように、ワンクッション置いて能力や業績を示す。それが「一応」のいいところなのです。

そんな馬鹿な

哲訳＊人生の不条理さを哲学する問い

一歩一歩前に進むことができる

馬鹿は人を罵《ののし》る言葉ですが、「そんな馬鹿な」にはそういった罵りの意味はありません。「馬鹿な」もほぼ同じ意味ですが、「そんな」という程度を表す語がつくことで、より強調されます。したがって、「馬鹿な」の意味を考えたいと思います。

馬鹿はあて字なのでバカでもいいのですが、とにかく腹が立ったときに使います。どうして腹が立つかというと、道理にかなっていなかったり、あり得なかったりするからです。

「な」は自問を表す終助詞ですから、「馬鹿な」というとき私たちは、「道理にかなっていないのではないか？」と自分に問うているわけです。もちろん、他者に向かっていうこともあります。ただ、そのときも自分に問うているのです。「おい、自分よ！　信じられるか？」と。

たとえば、起こるはずのないことが起こったとき、私たちは叫びます「そんな馬鹿な」と。でも実際は、この世にあり得ないことが起こることなどありません。ですから、「そんな馬鹿な」という言葉を発しつつも、実は私たちはそのことが起こり得ることを了解しています。それはわかっているけれども、その事態を受け入れたくないのです。そのやり場のないむなしい気持ちが、自問という形で表現されます。

馬鹿は「莫迦」とも書くことがあるのですが、奇しくもこの莫という字には「むなしい」という意味があります。いくら怒って「そんな馬鹿な」と叫んでも、そこにはむなしさが漂っているのです。道理にかなわないことが起こったけれど、もうどうしようもないということです。

それでも人は問わざるを得ません。人生のむなしさの意味を知るために。そうして人生の意味を問いながら、一歩一歩前に進んでいくのが人生なのです。「そんな馬鹿な」という問いは、人生の不条理さを哲学するための言葉なのかもしれません。

つまんないの

哲訳 ＊新たな喜びへと向かうための決意表明

あきらめがつく

「ちぇっ、つまんないの……」。こんな感じで使う言葉ですが、「ちぇっ」という残念さを表す感嘆詞からもわかるとおり、残念さを表現しているのです。「つまんないの」の正式な表現は「詰まらない」です。つまり、面白くないということです。

何か面白くないことがあったときに、あるいは残念な感じがしたときに、つぶやく言葉がこの「つまんないの」です。これはその面白くない状況をつくり出した人に対していう言葉ですが、同時に自分自身に対してもいっている点が特徴です。

これが相手に向かってだけいう言葉なら、「つまらないよ」とか「つまんないんだよ」などとなるはずです。「つまんないの」というふうに、相手に向かって投げかけるニュアンスの「よ」ではなく、あえて自己完結するニュアンスの「の」という格助詞を使っているのはそうした理由からです。

いわば、面白くないけど、納得するしかないなと自分にいい聞かせているのです。その意味では、あきらめの言葉だといってもいいでしょう。面白くないけど、あきらめるしかないと。そしてほかに何か面白いものを探そうとするのです。

あきらめにはそうしたポジティブな効果もあります。あきらめないと、次に進めないからです。たとえば小さい子どもと父親との間で、こんな会話が交わされることがあります。「ねぇ、遊んでよ」「今忙しいからダメ」「ねぇ、お願いってば」「だから、ダメだって。一人でやれることを探してごらん」「ちぇっ、つまんないの」というふうに。

ここでは、子どもはあきらめざるを得ないのですが、その代わり、次の行動に移ろうという決心をしています。そういう見切りが大事なのです。「つまんないの」と見切ることで、反対により面白いことを見つけようとするわけですから。その意味で、「つまんないの」は、新たな喜びへと向かうための決意表明なのかもしれません。

いいなぁ

哲訳＊夢をかなえる旅の合図

願望が明確化する

「いいなぁ」という言葉は、何かうらやましいことがあるときに使うものです。「なぁ」には願望を表すニュアンスがあります。ですから「いいなぁ」というとき、私たちは「自分にもあれがあったらいいのになぁ」などと思っているわけです。

具体的には、こんなケースが考えられます。友人が宝くじに当たったとか、いい人と結婚をしたとか。要するに、誰かが得をしたときです。だからそれと同じことが自分にも起こればいいのにと願うのです。

これは悲しいことでもありますが、見方を変えると、自分の欲しいものが明確化した喜ばしい瞬間でもあります。つまり、「いいなぁ」とわざわざ口走るのは、自分の望むものが形になって、そこに現れたからにほかなりません。

それまでも潜在的に求めていたのかもしれませんが、明確化していなかったのです。ですから、「いいなぁ」という機会すらなかった。そこに、願望が形となって現れたので、「ほかでもないこれ」が欲しいと思えるようになったわけです。

実際、「いいなぁ」と思った瞬間から、その「いいもの」は自分の中でターゲットとなり、私たちはそれを手に入れる旅に出かけます。そしていつの日か、あのとき見たり聞いたりした「いいなぁ」

を手に入れるのです。

社会全体で見てもそうです。世の中はどんどん便利になっていきますが、それは社会全体の「あったらいいなぁ」が形になって実現されるからです。その意味で「いいなぁ」は、私たちの夢をかなえるための第一歩。「いいなぁ」というスタートの合図とともに、夢をかなえるための旅が始まります。

「いいなぁ」というのは、羨望の言葉なので、欲張りだと思われがちですが、そんなことはまったくありません。遠慮することなく、どんどん「いいなぁ」とつぶやきましょう。そして旅に出ましょう。

あとは気合

哲訳＊成功を導くブースター

勢いがつく

「あとは気合よ」「あとはもう気合しかない」。そんなふうに声をかけたことはありませんか？　私は教師なので、しょっちゅう学生に向かってこういっているような気がします。この言葉は何かを頑張っている人に対して、最後にかける言葉だと思います。

最後にというのは、頑張っている人が最後の段階に到達したときです。たとえば、スポーツや楽器の練習をしてきて大会を迎えた直前だとか入試のときなど。なぜなら、もう今さら何をしてもそう効果が見込めないからです。あとは気合で乗り切るよりほかありません。

そもそも気合とは何なのでしょうか？　「新入部員に気合を入れる」などというと、たるんだ精神を鍛え直すような場面を思い出します。あるいは、体罰のイメージや軍隊で用いられそうなイメージも。そう考えると、「あとは気合」には、神風に委ねて突っ走るような日本独自の精神が宿っている感じもしてきます。少し怖いですが。

つまり気合とは、心を集中させて物事を行う際の勢いをいうわけです。したがって、気合で乗り切るというのは、勢いで乗り切ることを意味します。もはやテクニック的なものよりも、勢いのほうが大事だということです。

もちろん、何をやるにしてもテクニックが重要であることはいうまでもありません。「あとは気合」が意味するのは、そうしたテクニックの習得を限界までやったあとは、気合がものをいうということです。なんの努力もしていないのに、最後に勢いだけで物事がうまくいくことなどあり得ませんから。

したがって、「あとは気合」と声をかけるほうは、これまでの努力を信じて頑張るよう伝えているのです。本番に臨む人は弱気になりがちですし、緊張から本来の実力が出せないことも多々あります。だからこそ、ほかの人が勢いをつけてあげる必要があるのです。

その意味で「あとは気合」という言葉は、ロケットでいうところのブースターのようなものです。ロケットの本体を高く打ち上げるために推進力をつける補助装置のことです。ロケットの打ち上げが成功するかどうかはブースターにかかっています。「あとは気合」も同じで、挑戦者の成功がこの言葉にかかっているのです。

そのうちね

哲訳 ＊やらないことの婉曲表現

夢を抱いて生きていける

「そのうちね」というのは、何かを約束するときに使う言葉です。いつとは明確に定めないけれども、近い将来どこかの時点でやりましょうということです。それは来週かもしれないし、来年かもしれません。それがいつごろを指すのかは、あくまで話し手と受け手の感覚に委ねられます。

では、いったいなぜこのような曖昧な返事をするのかというと、正直、あまり積極的ではないからです。だからといって、断ったり、何もないというのでは角が立つので、一応やることだけは約束します。

つまり、「そのうちね」とは、やらないことを婉曲的に表現したものともいえます。やんわりと断るときに使うわけです。たしかに、この言葉を使うとき、私もゼロとはいわないまでも、あまり実現する気がしません。そして誰かにこの言葉をいわれたときも、ほとんど期待していません。逆に、あとで本当に声をかけられたら、ビックリするくらいです。「え、本気だったんだ」と。

では、最初からこのようなことをいわなければいいのにと思いますが、そこが日本人のやさしさ。「絶対に誘うことはありません」とか「やりません」などという代わりに、「そのうちね」と期待を持たせます。不思議なことに、人間は自分の望むことについては、淡い期待を抱くものです。

そして淡い期待を抱くことができると、それだけで勇気や希望がわいてきます。だから肯定的にとらえていいと思うのです。夢を与えるのは決して悪いことではありません。それに本当に嫌ならビシッと断るはずです。「そのうちね」というのは、まったくそのことがあり得ないという意味ではないのです。人生は何が起こるかわかりません。どうせ生きるなら、夢を抱いて歩んでいきましょう。そのうちかなうと信じて……。

お大事に

哲訳 ＊患者に捧げる祈り

病気がよくなる

「お大事に」という言葉を使うシチュエーションは限られています。病気になった人に対して、別れ際にかける言葉です。病院にお見舞いに行ったりしたとき、最後に「お大事に」というのです。

「大事」とは大きな事と書くように、価値ある大切なもののことです。ですから、「お大事に」という場合、相手に対して、自分自身を価値ある大切なものになさってくださいねと願っているのです。

病気は人間が完全にコントロールできるものではありません。それは医者でさえも同じです。だからこそ、医者も患者に対して「お大事に」というのです。つまり、最後は祈るしかないわけです。病気になった人に対して、誰もが祈りを捧げます。そういえば、自分に対して「お大事に」という人はいません。自分にできることは体をいたわることだけです。逆に周囲の人はそれができないから祈るのです。

そう考えると、「お大事に」といわれた患者のほうは責任重大です。相手の祈りは神様にではなくて、患者である自分に向けられているのですから。たとえば私が病気になって、見舞いにきてくれた友人に「お大事に」といわれれば、なんとかそれを実現するよう努力しなければなりません。いや、実際に努力するでしょう。

わざわざ見舞いにきてくれて、自分の体のことを気遣ってくれている。これはなんとしてでも健康を回復しなければと思います。そうして睡眠をしっかりととり、無理をせず、また医者のいうことをよく聞いて、体をいたわるのです。

結局は自分の体ですから、いかにいい医療を施されようと、自分がそれに従わなければ治ることはありません。病気は、治ろうとする意志が大切だといいますが、まったくそのとおりだと思います。

その意味で、「お大事に」という言葉には、病気を治す力があるといってもいいのではないでしょうか。「お大事に」という祈りの言葉を捧げられることで、患者は病気を治すように努力するのですから。

参ったね

哲訳 ＊リベンジのための宣戦布告

なんとかする

この場合の「参る」とは、「屈する」「困る」という意味です。したがって、「参ったね」という表現は、まずそのように屈したり、困ったりした状態が実際に起こったことを示しています。さらにそこに、自分の気持ちを誰かに伝え、共感を求めるニュアンスが加わっています。

生きていると、つらいことやあきらめないといけないことがたくさんあります。そんなときには弱音の一つも吐きたくなるものです。「参ったね」と。そうして自分が負けた状況を認めたときはじめて、人はようやく冷静に次の一手を考えることができるものです。

ということは、厳密にいうと「参ったね」は、まだ完全に参っていないからいえる言葉なのかもしれません。「参ったね」「でもなんとかしなきゃね」「よし、やろう！」というふうに。きっと心の中ではそう考えているはずです。本当に参った人は、おそらく言葉など出せないでしょう。

この言葉は、映画『ダイ・ハード』シリーズのマクレーン刑事を思い起こさせます。彼は「世界一運の悪い男」の異名どおり、いつも偶然大事件の現場に居合わせます。そして事件に巻き込まれるのです。

まさに「参ったね」といいたくなるような状況です。それでもマクレーン刑事は、結局事件に向き合います。そしてボロボロになりながら、ちゃんと事件を解決するのです。そもそも英語の「die hard」は、最後まで頑張り抜くという意味ですから。私もそうです。人には「参ったね」といっていても、心の中では「なんとかするぞ」と叫んでいます。

ただ、なんとかするためには、一度参る必要があります。それは敗因を分析して体制を立て直し、戦略を練り直すためです。つまり「参ったね」は、自分に対するリベンジのための宣戦布告にほかならないのです。

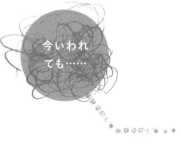

メールして

哲訳＊その場を切り抜けるための方便

今いわれても……

相手を傷つけずに断ることができる

これは別れ際によくいうセリフです。何か返事をしてもらわなければならないときはもちろん、そうでないときも、とにかく「メールして」といえば、その場をうまく切り抜けることができます。

つまり、「今日はここまでだけど、メールによって今後もつながりましょう」という意思表明なのです。ただ、本気でそう思っているかどうかは別の話です。そもそもメールというのは、非常に便利なツールで、即答する必要がありません。ここが電話との違いです。一昔前なら、「電話して」といって別れたことでしょう。一応その場を切り抜けるために。そして実際に電話がかかってくると、返事に困るわけです。それでもたいがいは、断ります。直接面と向かって、しかもオファーされたその場で断るのは感じが悪いので、一呼吸おいて電話で断るわけです。これなら抵抗が薄れます。

メールの場合はそれがさらに楽になります。その場で答えなくていいのは「電話して」という場合と同じですが、もう文字だけで簡単に断れるのです。仮に新たなオファーがメールできたとしても、電話と違って即答する必要はありません。返事をゆっくりと考えてから言葉を選んで送信するだけでいいのです。

ですから、「メールして」というのは、本当は「この場で返事をさせないで」という懇願であり、その場を切り抜けるための方便なのです。最近ではさらにそれがSNSになっているのでしょうが、原理は同じことです。コミュニケーションにおける対面性、直接性、即時性を避けるためのツールがメールなのです。

その分メールでのコミュニケーションはそっけないものになりますが、断るときの気まずさを解消してくれるという意味では、優れたツールだといえます。相手を傷つけることも減るでしょうから。もしかしたら、「メールして」はある種の優しさなのかもしれません。

感じ悪い

哲訳 ＊ショックを和らげる薬

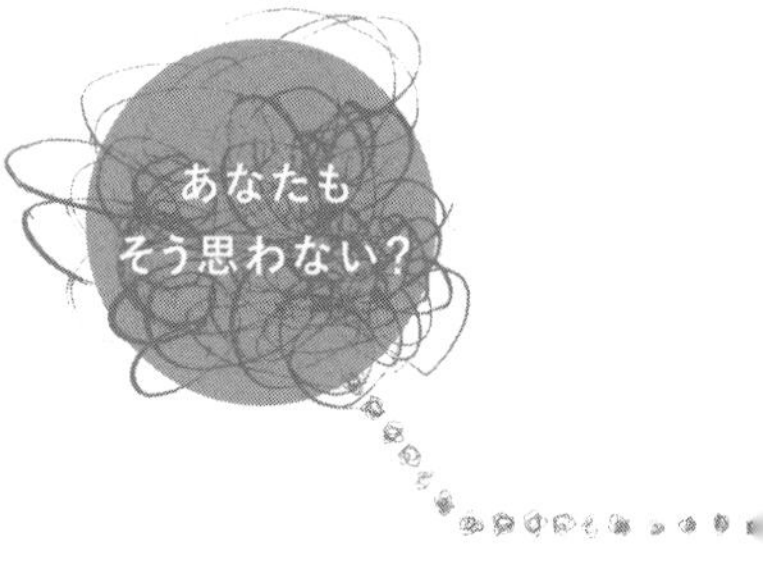

嫌な気持ちを解消する

せっかくいい気分で話をしているのに、嫌味なことをいったり、場の雰囲気を悪くするような態度をとる人がいます。そんなときにいうのが「感じ悪い」です。つまり、「あの人は感じが悪い」、あるいは「なんと感じの悪い言い方だ」という意味です。

ここでいう「感じ」は、物事から受ける印象のこと。だから「感じ悪い」というのは、印象が悪いということになります。なぜこんなことをいうかというと、普通は感じがいいことを期待しているからでしょう。大多数はそういう反応をするはずだと。

ところが、ほんの一部の人はそうではないのです。あえて感じの悪い反応をします。理由は様々でしょう。たとえば、相手のことを嫌っているとか、機嫌が悪いとか、嫉妬を感じているとか。いずれにしても、素直に喜んだり賛成したりしたくないため、それが感じの悪い反応を生み出してしまうわけです。

感じの悪い反応をされたほうは、当然嫌な気持ちになるので、そこはショックを最小限に和らげる必要があります。そのとき発せられるのが「感じ悪い」なのです。これはたいてい周囲の人に向かっていうことで、その人たちの共感を得るのが目的です。「何よ、あれ。感じ悪い。ねぇ、そう思わない？」というふうに。

そうやって仲間と心情を共有することで、感じ悪い態度をとったほうが間違っているのだといい聞かせるのです。周囲と自分に。これがショックを和らげるということの意味です。話し手にしてみれば、せっかく気分よくしているところをハンマーでガツンと叩かれるようなものですから、そうでもしないと気が収まりません。感じ悪い反応をしたほうは、当て逃げみたいなもので、サッといなくなりますが、残されたほうはショックを和らげる薬を飲むしかありません。それが「感じ悪い」という言葉の用法です。

次はないから

哲訳＊教訓と照れ隠しのための逆説的表現

おいおい、ハラハラさせるなよ……

かっこよく聞こえる

「次はないから」というのは、なぜかかっこよく聞こえます。いかにもクールな人が放ちそうな言葉です。一般にこの言葉は、何か失敗したようなときに、助けてくれた人が放つものです。おそらくこんなシーンが典型的なのではないでしょうか。たとえば、上司の指示に反して行動した部下が、成功まであと一歩というところで窮地に陥ります。そこでその上司が危機一髪手を差し伸べて、なんとかうまくいく。そのとき感謝する部下に対して上司がいうのです。

「次はないから」と。

つまり、部下のやったことはいけないことで、だからこそピンチに陥ったわけです。ただ、上司もその部下の行動を理解できないわけではない。そこで今回だけは手を差し伸べます。「次はない」というのは、そういうことです。同じことをまたやっても、手は差し伸べないということなのです。

しかし、本当にそうでしょうか？ どうもこれは教訓と照れ隠しのような気がしてなりません。一つには、無謀なことをした人に対して、もっと慎重にやるように教訓を伝えているのです。次は助けてもらえないかもしれないから、気をつけるようにと。だから必ずしも行動を全否定しているわけではありません。あくまでやり方に注意するようにいっているだけです。

もう一つは、手を差し伸べた自分への感謝に対する照れ隠しです。表向きは反対していたのに、やっぱり気にしていた点を見透かされたくないからです。だから素直に「どういたしまして」といえないのです。

その意味では、「次はないから」というのは、本当は次もあるのだけれども、あえて相手への教訓と照れ隠しのために、逆説的な言い方をしていると理解していいでしょう。そして逆説的表現であるがゆえに、この言葉自体のかっこよさが際立つわけです。

いただきます

哲訳 *幸せを感じるための合言葉

感謝の気持ちを言葉にできる

「ちゃんといただきますっていいなさい」。子どものころ、そんなふうにいわれた人も多いのではないでしょうか？　かくいう私もお腹がすいているときは、いきなりがっついてしまって、よく叱られたものです。そして今は同じことを自分の子どもにいっています。

手を合わせて「いただきます」というのは、日本の美しい文化でもあります。そもそもいただくというのは、「もらう」とか「食べる」という語を丁寧に表現したものです。したがって、誰かそれを与えてくれる人がいて、その人に感謝の念を表す際に用いる言葉なわけです。

食事の場合は、それをつくってくれた人、食材を育ててくれた人、あるいは魚や肉といった命そのものが考えられます。神様に対する感謝だという説もあります。あえて「○○さん、いただきます」と対象を明確にしていないのは、あらゆる対象に対して感謝の念を表しているからかもしれませんね。

海外では、「おいしく召し上がれ」というような表現はあっても、「いただきます」という表現はなかなか見当たりません。また、宗教の文脈で神様にお祈りをしても、日本のように宗教とは関係なく生活習慣としてこういう儀式が定着している例もあまりないようです。

「いただきます」は、そんな素晴らしい言葉なのですが、残念なことに大人になるとだんだんいわなくなってきます。一人で食事をする機会が増えるからでしょうか。一人暮らしはもちろんのこと、外でランチをとるときなどにも、本当はしっかりと手を合わせていうべきなのに、いきなり食べ始める。誰も聞いていなくても、その食事をつくってくれた人は必ず存在するわけですし、食材を育ててくれた人、食材の命も存在します。

なにより、感謝の気持ちは言葉に出すと気持ちがいいものです。これはきっと、自分自身が誰かから恩恵を受け、幸せな状態にあることを意識することができるからではないでしょうか。「いただきます」は、幸せを感じるための合言葉なのかもしれません。

実は

哲訳 ＊クライマックスの予兆

相手を引きつけることができる

「実は」を連発する人がいます。そのたびにハッとするのですが、「実は」にはそうした人の注意を引きつける効果があります。なにしろこれは、実際にはどうなのかという打ち明け話をするときに使う表現だからです。

誰しも本当のことが知りたいものです。実のところはどうなのだろうかと。だから皆、「実は」と聞くと耳を傾けるのです。逆に、

私たちは人に話をするときも、大事な部分を伝えるときに「実は」を使います。

決して打ち明け話ではないにしても、ここが大事だと強調するために使うのです。そうすると必然的に複数回使うことになります。そのため、聞き手にしてみれば、今までの話は嘘だったのかとか、重要じゃなかったのかと思うかもしれませんが、それはある程度仕方ありません。

話し手だって嘘をいうつもりではなくて、あくまで話の実のある部分はここですよと強調しているにすぎないからです。そう、この「実は」には、「話の実のある部分は」という意味があるのです。いい換えると、クライマックスはここですよという合図のようなものです。

音楽でも芝居でも、サビや山場の直前には一瞬のポーズがあるものです。それがクライマックスの予兆になっているわけです。それと同じで、話の中でも「実は」ということで、クライマックスの予兆を告げることができます。

あまりに連発するのは問題ですが、適度にそれがあると、聞くほうも飽きません。アクセントに「実は」という言葉を挟むのは、テクニックとしては優れているといっていいでしょう。ただ、その肝心のクライマックスが大した内容じゃない場合は、相手もだんだん騙されたような気になってしまいます。くれぐれも「実は実は詐欺」にならないように気をつけてください。

Part-3 かちかち、ずばずば

好きではないけど、悪くもない

「かちかち」と時計の音がする。正直、みんなあんまりこの音が好きじゃない。システマティックに動く時計は、人間に規則正しさを教える。人間には本能がある。本能はわがままだ。もっと眠りたい。もっとゆっくりしたい。でも、それじゃ毎日がむちゃくちゃになってしまう。だから人間には「かちかち」が求められる。そう考えると「かちかち」も悪くない。

穢れなく、一気に潔く

「ずばずばものをいう人」ってどんな人だろう？　嫌な人？　それとも正直な人？　「ずばずば」のイメージはずばっと切れるナイフのようなもので、回りくどくないことを表している。大根の葉を一つ一つもぐようなことはしないのだ。一気に全部ずばっと切ってしまう。これを不快に思うか爽快ととらえるか。「ずばずば」の印象はそれで変わってくる。

大した意味もなく
とってつけたような
お飾りの言葉を
使うこともある。
本当に
伝えたいことは、
いったい
何だったのだろう。

ストレートに表現することで、結果のいかんにかかわらず賞賛される

「かちかち」というオノマトペは、「かちかち時計の音がする」といったように、機械的な音が淡々と鳴っているようなイメージです。普段は気づかないような音ですが、気にし始めるとそれがもう耳から離れなくなってしまいます。乾いていて、少し響き渡るようなその音とリズムが、私たちにとって何かとても重要なものになるのです。

言葉にあてはめると、深い意味はないのだけれども、形式的についロにしてしまうものです。でも、相手がそれをふと気にした瞬間から、何か不思議な意味を持ちます。そして相手はその言葉の意味を考え始めるのです。

Ｐａｒｔ-３では、まずそんな「かちかち」した言葉を中心に哲学していきます。たとえば「いうまでもなく」や「というわけで」といった言葉が典型です。さらっといってのけているようでも、そこにはちゃんと意味が込められているのです。時にそれは口癖のように繰り返されます。あたかも時計の針が定期的に同じ時間を指し示すかのよう

に。これに対して「ずばずば」というオノマトペは、物事の本質やいいたいことをオブラートに包まずストレートに表現するイメージです。「ずばずばと物をいう」のように。つまり、直球を思いっきり投げ込む感じです。だからきついけれど、それが痛快でもあります。

言葉にあてはめると、遠慮なくいいたいことをいう場合の表現がこれにあたります。その遠慮のなさが人を傷つけることもありますが、他方で、もってまわった言い方よりも気持ちがいいともいえます。

Ｐａｒｔ-３でいうと、「どういう意味？」だとか「ウザい」というのが典型でしょう。これらの言葉は、はっきりと気持ちを表現しています。直球勝負です。直球は打たれるか、ストライクかの賭けのような部分がありますが、結果のいかんにかかわらず賞賛されるのは、その正直さゆえでしょう。

Ｐａｒｔ-３では、そんな「かちかち」「ずばずば」した言葉の本当の姿を哲学してみたいと思います。

どういう意味？

哲訳 ＊余計な一言へのシグナル

相手をタジタジにする

言葉というのは正直なもので、何かをいうとそこに気持ちが反映されます。ちょっとしたニュアンスが気持ちを表すのです。時にそれは無意識に起こってしまうことがあります。たとえば、相手のことを悪く思っていたのだけれど、いい人だと感じたとき、「意外といい人なんだね」といってしまうのです。すると、「どういう意味？」と聞かれてしまいます。

つまりこの場合、「意外と」という表現によって、自分がこれまではいい人だと思っていなかったことを明かしてしまっているのです。面白いのは、実は相手も意味をはっきりとわかっているのに、あえて「どういう意味？」と聞いているところです。

これは疑問文という形をとりながらも、問いただす意図があるわけです。「本当は悪い人だと思っていたということなのね」と。だから「どういう意味？」といわれると、こちらは心の中を見透かされてしまったことで、タジタジになってしまいます。

ただ、心配は無用です。相手がまんざらでもなさそうなときは、見透かした本音を受け入れている証拠ですから。これまでは悪く思っていたとしても、今いい人だと思われているならそれでいいかと。

これに対して、相手がムッとして「どういう意味？」と聞いている場合には、若干注意が必要です。明らかに話者の言外の本音を責めているわけですから。つまり、「どういう意味?」という言葉は、自分のいったことが相手にとって失礼であることを示すシグナルだといっていいでしょう。仮にそんなに怒っていないように見えても、こちらの返答次第では相手を怒らせることになるかもしれません。相手は本音を確認するために聞いているのです。

このようなトラブルを避けるためには、最初から紛らわしい言い方をしなければいいのです。余計な一言を添えることのないよう注意するといいでしょう。それがなかなか難しいのですが……。

失礼ですが

哲訳 *ノーというためのプレリュード

気まずくなる

「失礼ですが、おいくつですか？」「失礼ですが、ご本人様でしょうか？」こんなかたちで「失礼ですが」を耳にすることが多いのではないでしょうか？　いずれも本当に失礼な質問です。年齢を聞いたり、本人かどうか尋ねたりと。

つまり、聞きにくいこと、普通は聞くと失礼に当たることをいうときに、「失礼ですが」とあらかじめ詫びておくのです。失礼はわかっているけれども、聞かざるを得ない。そんなときはもう「失礼ですが」と断ってでも、尋ねるよりほかありません。

では、これは相手に対する思いやりなのかというと、決してそうではありません。思いやりがあったら、そもそも最初から聞かないでしょう。いくらやむを得ないとはいえ、ほかに方法があるはずです。そこをあえて口にしているのですから、実は意地悪な気持ちでいっているのです。

たとえば、「失礼ですが、ご本人様ですか？」と尋ねるとき、話し手は相手が本人ではないかもしれないと疑っています。だから尋ねているのです。本人しか受けることのできないサービスを受けるようなときが典型です。ただ、１００％疑っているわけではありません。それなら最初から「ダメです」というでしょう。

本人かどうかわからないと思われるとき、「失礼ですが」と断ったうえで、尋ねるのです。そして本人ではない場合、ダメだとサービスを拒否するわけです。その点では、「失礼ですが」は、ダメだというためのプレリュード（前ぶれ、前兆）みたいなものです。

だから本当は、「失礼ですが」というのは、「このようなことを聞くのは失礼ですが」というよりは、「あなたの正体を明らかにして、あなたに気まずい思いをさせてしまうのは申し訳ないけれど」という意味だと思ったほうがいいでしょう。

自分がこの言葉を使うときは、できるだけ相手のことを尊重してへりくだるのがいいと思います。そうでないと、もともと相手を傷つけかねない表現だけに、トラブルを招いてしまうからです。どんな言葉もそうですが、言い方は大切です。

どうして？

哲訳 ＊ショックを緩和する大きなため息

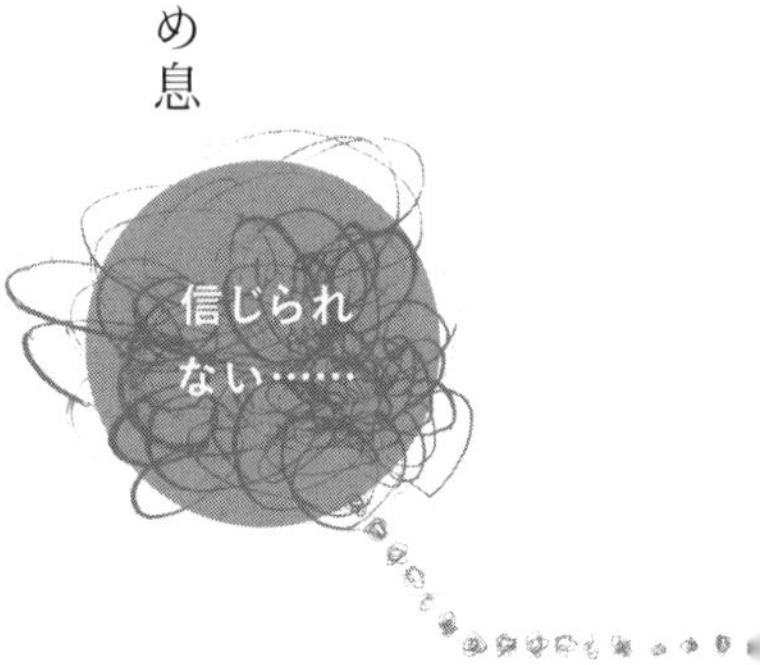

呼吸を整えることができる

人はわけがわからないとき、思わずこう叫んでしまいます。「どうして？」急に恋人に振られたとき、子どもが信じられないような悪いことをしたときなど。つまり、信じられないほど意外なことが起こったときです。

というのも、もう「どうして？」と理由を聞くよりほかないからです。自分ではわからないのですから。ただ、これは必ずしも相手に聞いているわけではありません。自分自身に問うているのです。いわば心の叫びです。

その意味では、「なんてこった」とか「なんじゃこりゃ？」に近いかもしれません。前者は、アニメ『ポパイ』で主人公が困ったときつぶやく口癖です。後者は、松田優作さん演じるドラマ『太陽にほえろ！』のジーパン刑事が殉職の際、自分の体から流れる血を見てつぶやいた名言です。これらはいずれも「どうして？」に置き換えることができます。

ポパイは厄介な事態に接して、「いったいどうしてこういうことになるんだ」「いったいどうすりゃいいんだ」と自問しているのです。ジーパン刑事のほうは、まさか自分が撃たれて死ぬということが受け止められず、思わず「なぜこんなことになってしまったんだ？」「どうして自分が死ぬんだ？」と自問しているわけです。

もちろん、この世には理由のないことなどありません。ですから、わけがわからないといっても、冷静になればそこにはなんらかの理由があることくらい本人もわかっています。ただ、今はそれを受け止めることができないということです。その突然の出来事によるショックを表現した叫びが「どうして？」なのです。

こんなことを口走っても事情が明らかになり、事態が変わるわけではありません。でも、そうとでもいわないと、ショックを受け止めきれないのでしょう。そう、これは大きなため息と同じなのです。ショックを受けたとき、それを緩和するために大きなため息をつくのと同様、「どうして？」ということによって、かろうじて呼吸を整えることができるのです。

一生のお願い

哲訳 *相手の心を動かす究極の殺し文句

これで最後だから……

願いを聞いてもらえる

これまでの人生、なんど一生のお願いをしたことでしょうか。おそらく私だけではないと思います。皆さんも「一生のお願い！」と手を合わせることで、なんどとなくピンチを潜り抜けてきたのではないかと思います。

一生のお願いは一生に一度のはずなのに、どうしてなんども通用するのか。これは頼まれる側の気持ちになってみるとわかるでしょう。誰しも一生に一度くらいなら願いを聞いてもいいかなという気になるものだからです。

「一生のお願い」は、そうした人間の心理につけ込むある意味ずるい言葉なのです。ただ、なぜか皆それに対して寛容です。面白いことに、頼むほうも頼まれるほうもそれをちゃんとわかっています。つまり、「一生のお願い」というのは、決して「一生に一度だけ」という意味ではなく、むしろ一生にかかわるくらいの大きなお願いという意味だと思ったほうがいいでしょう。

だから頼まれたほうもいうことを聞くのです。そんなに大変なことなんだったら仕方ないかなと。それならいっそ正直に「一生にかかわるお願い」といえばいいようなものですが、それでは効果がないのです。

お互いに一生に一度ではないとわかっているものの、表面的には一生に一度だということではじめて、武士の情けが生じるわけです。そうでなかったら、頼むほうも頼みにくいし、頼まれたほうも無理をしにくいのでしょう。その意味では、「一生のお願い」は、相手の心を動かす究極の殺し文句だといえます。

いや、もしかしたら頼むほうは本気で一生に一度だけと思っているのかもしれません。そしてこのピンチさえ救ってもらえたら、今後は心を入れ替えて頑張るつもりなのかもしれません。でも、それは一瞬だけです。喉元過ぎれば熱さを忘れるではないですが、またピンチに陥って、「一生のお願い！」と手を合わせるのです。

いうまでもなく

哲訳 ＊念押しの強調

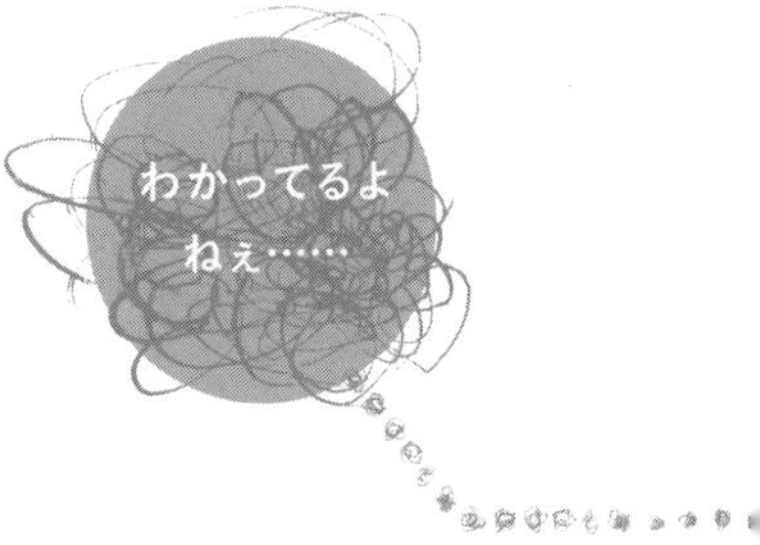

相手がノーといえなくなる

「いうまでもなく、このことはみんなに内緒だよ」。こんなふうにいうとき、私たちは「いうまでもなく」に、「わざわざいわなくてもわかっていると思うけど」というニュアンスを込めています。相手も当然了解しているとは思うけれども、それを確認するためにいっているわけです。

この場合、相手が絶対にわかっていると思えば、こんなことをいう必要はありません。逆に、相手にとって寝耳に水のような場合にも、いきなりこんなことはいいません。あくまで相手にとってもわかっている、あるいは推測できる事柄でなければならないのです。

特にこの推測できる事柄を伝えるケースが重要です。なぜなら、わざわざ「いうまでもなく」と念を押しておく意味があるからです。つまり、推測はできるだろうけれど、気づいていないというケースもあるはずです。

たとえば、「いうまでもなく、君にも手伝ってもらう」「え、私もですか？」などというやり取りは十分想定できます。相手が手伝わなければならない状況は推測できるはずなのだけれど、相手はそのことに気づいていない。そこで「いうまでもなく」と念を押しておくのです。

一瞬相手は意外に思うかもしれませんが、そのあと理由を考えたり、尋ねたりして、最終的には納得がいくはずです。少なくともなぜ「いうまでもなく」なのかという点については。

結局、「いうまでもなく」とは、話し手にとってはいう必要があるのです。いわなくてもいいことでは決してありません。だからこそ口にしているわけです。いわば「当然のことだ」というふうに、念押しを強調する表現だといっていいでしょう。たしかに、「いうまでもなく」と最初に断られると、いうことを聞かざるを得ないような感じがしますよね。不思議とノーといえなくなるような。それほど強い効果を持つ言葉なのです。

シーッ！

哲訳 ＊言葉の緊急停止装置

発言が止まる

「シーッ！」というのは、相手を黙らせるために使う言葉です。だから私の場合、「シーッ！」といわれると、結構ショックを受けます。なぜなら、それは自分がいってはいけないことを把握していなかった証拠だからです。

しかもこの言葉は緊急事態に用いられるものなので、こちらも心の準備ができていません。だから余計にショックが大きいのです。

いきなり「シーッ！」といわれるわけですから。英語には、「シーッといって黙らせる」という意味の動詞「shush」があります。「シーッ！」はアメリカ人もよく使うようで、これをいわれた人が、「Don't shush me!」と怒っているシーンを映画などで見かけます。

では、なぜいきなりかというと、状況によっては説明をしている時間がなかったり、とにかくすぐに止める必要があるからです。それを相手にわかりやすく伝えるために、あえて「シーッ！」という擬態語を使うわけです。さらにこの言葉は人差し指を口元に立てる動作を伴います。これは視覚的にメッセージを伝えるためだといっていいでしょう。

したがって、伝えるほうもよほど緊急だと思っているわけです。誰かに聞こえるとまずいということでしょう。もちろん、誰かに聞こえるとまずいという状況で、この言葉を冗談ぽく使うこともあります。その場合は、いわれたほうもムッとすることはありません。お互いに文脈がわかっているからです。

たとえば、誰かの悪口をいっているとき、いずれか一方が「シーッ！」ということがあります。これはお互いに「聞こえたらまずいね」とか、「ここだけの話だよ」といった内容を確認し合っているのです。その証拠に、「シーッ！」といったあと、思わずお互いに噴き出してしまうということがよくあります。

面白いのは、この言葉に発言をストップさせる効果があることです。発言している人を黙らせるのに、こんなに効果的な方法はありません。どんなシーンでも通用するのですから。大勢が話している体育館でさえも。その意味で、「シーッ！」は言葉の緊急停止装置だといっていいでしょう。

信じてください

哲訳 *自分に対する情状弁護

もう一度だけ信じてもらえる

「信じてください」なんていうときは、よほど切迫した状況なのでしょう。だって、相手が簡単に信じてくれるのなら、わざわざ「信じてください」などという必要はないからです。これには二つ考えられます。一つ目は、状況がよほど込み入っていて、客観的には自分が信じてもらえそうにないケース。二つ目は、相手を騙そうと思っているケースです。

一つ目のケースについては、たとえば、かつて信頼を裏切ったことがあるとか、確率的には無理そうなときが考えられます。こうしたケースでは、相手は客観的に判断して、信じてくれないでしょう。でも、そこをごり押しするには、もう信じてくださいとお願いするよりほかありません。そう、「信じてください」というのは、最後の手段として情状酌量をお願いしているのです。

裁判でも弁護士が最後は情に訴えます。そうするよりほかないからです。情状弁護です。そして裁判官もそれを受け入れます。情状酌量です。そうやって本来10年の求刑を7年に減刑してくれたりするのです。人間は完璧ではありません。だから理屈を超えて事情を酌量する部分が必要なのです。

「信じてください」という嘆願は、そんな人間の情の部分に訴えかける自分のための情状弁護のようなものです。いわれたほうも、まぁそこまでいうなら一度だけ信じてみようかという気になるのです。この場合、訴えるほうも必死ですから、気持ちが伝わるのでしょう。

これに対して、二つ目のケースは少し異なります。そもそも人を騙そうと思っているので、その気持ちが焦りとなって表れて、思わず「信じてください」といってしまうのです。騙すというとピンとこないかもしれませんが、友達や家族などに嘘をいうときに用いられる場合を思い起こしてもらうといいでしょう。

子どもがいたずらをしたとき、「何かやった？」と聞くと、焦った顔をして「やってないよ。信じて！」などということがあります。これはもう嘘の証拠です。もちろんこの場合、情状酌量の余地はありません。

というわけで

哲訳 ＊相手を煙に巻くブラックボックス

相手を丸め込む

「というわけで」というのは、様々な場面で使われます。たとえば会社で「というわけで、今回Aさんを採用することになったんだ」とか、彼氏が彼女に「というわけで、ごめん。日曜は無理」なんていうふうに。いずれも、複雑な事情があって、それらを踏まえてこういう結論にせざるを得ないというニュアンスが出ています。

ポイントは事情が複雑だというところです。単純であれば、具体的にいえばいいのです。「英語のできる人材がいないので、今回Aさんを採用することになった」とか、「急な仕事が入ったから日曜は無理」といった感じで。

　ところが、あえてそんなふうに一言で理由を示してしまうと問題があるからややらないのです。つまり、理由を単純化することで、自分の言い訳が陳腐なものになってしまい、相手に誤解されかねないことを危惧しているからです。相手に断られたり、反論されたりする可能性が高まるといってもいいでしょう。

　もちろん、「というわけで」という前に、おそらく長々と事情を説明しているはずです。だからそこをあえて一言でいってしまうと元も子もないわけです。ここには、相手を煙に巻いて納得させようという意図が垣間見えます。複雑な事情があるというその複雑さをまるでブラックボックスのように、「というわけで」という6文字に詰め込んでしまうのです。

なんとも強引ですが、使うほうにしてみればこんなに便利な説得術はありません。いわれたほうは、「というわけで」に込められた意味を解析しているうちに、うまく丸め込まれてしまうのです。なにしろブラックボックスですから、そう簡単に解析できるものではありません。

「というわけで、よろしく」などといって立ち去られると、「いや、ちょっと待ってください」というよりほかありません。それで結局引き受けるはめになるのです。私の場合、自分がこの言葉を使うよりも、いわれることが多いのでよくわかります。やれやれ……。

運がいいですね

哲訳 ＊野心あふれる運命への挑戦状

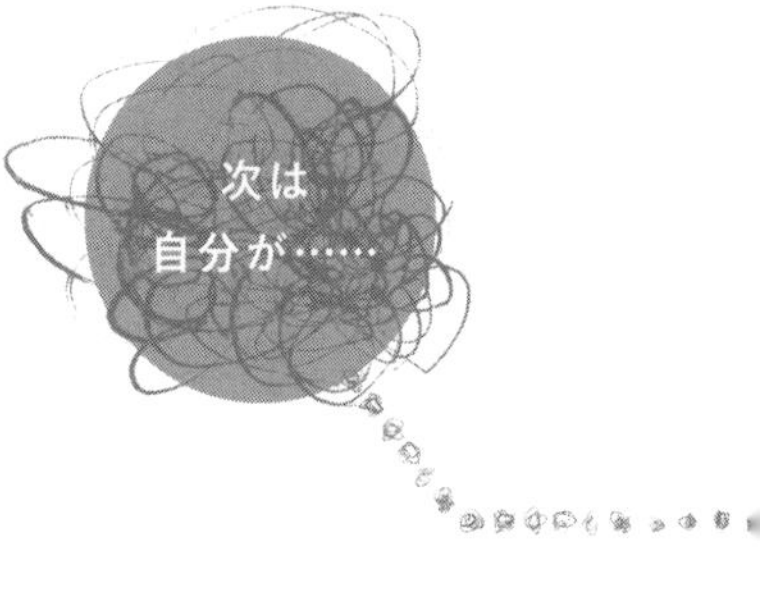

闘志がわいてくる

「運がいい」というのは、文字通り運がいい人に向かっていう言葉です。九死に一生を得た人、宝くじに当たった人、そこまでいかなくても、一般に苦労せずしていい思いをした人に対して使います。

でも、わざわざこんなことを言葉にして発するからには、もう少し深い意味がありそうです。私の経験からしても、自分がわざわざこんなことをいうときは、負け惜しみのような気持ちを多少抱いているような気がします。特に「運がいいですね」という言い方は、ある種独特のものです。

これは冒頭に挙げた通常の運のよさではなく、どちらかというと悪運についていっているのではないかと思います。「よかったですね。あなたは運がいい」と。たとえばこんなシーンです。会社の出世競争で後れをとっていた同僚が、敵失によって出世したような場合。周囲はその同僚のことをこう表現するのです。「彼、運がいいですね」と。

この場合、妬みや嫌味が込められているのは明らかです。多分心の中では「運がいいですね」ではなくて、「けっ、運のいいやつめ」といっているのでしょう。そして下の句はこうです。「次はそううまくいかないよ」あるいは「今度は自分が」。

人生は運に左右される部分が多々あります。そして人間というのは嫉妬の生き物です。だから運でうまくいった人を見るたび嫉妬するのです。「運がいいですね」という言葉を日常私たちがよく耳にするのは、そうした理由からではないでしょうか。

しかし、考えようによっては、「運がいいですね」は「次は自分が成功する番だ」という野心の表れでもあるわけです。その意味では、必ずしもネガティブな表現だとはいい切れません。むしろ野心あふれる運命への挑戦状とさえいっていいように思います。運が人生の成功に不可欠なものである以上、取り合いになるのは仕方ありません。少なくとも私は、この言葉をつぶやくたびに闘志を燃やしています。

よくいうよ

哲訳＊相手の態度に対する素朴な疑問

ガス抜きになる

「よくいうよ」という言葉はネガティブに使われることが多いと思います。つまり、相手が自分のことを棚に上げて何かをいっているような場合に用いられるのです。たとえば、自分が原因をつくったくせに、人のことを責めているような人に対して「まったく、よくいうよ」などと用いられるのです。

これは普通の感覚ならいわないだろうことを、臆することなくいう態度に対して、ある種のあきれと尊敬の念を表しているのだと思います。図太い神経をしている人に対しては、誰しもあきれると同時に敬意を払うものです。だから「よく」という「良い」に由来する副詞がつくのです。

だからといって、もちろん褒めているわけではありません。基本はあきれて非難しているのだけれど、100%の非難ではなく、図太さに感心している部分もあるということです。

その意味では、聞き手のほうとしては、半ば理解不能なのです。なぜそのような態度がとれるのか。「よくいうよ」は、「どうしてそのようなことがいえるのか？」の言い換えでもあるわけです。

これは実際自分が使うほうの立場になってみるとよくわかります。「よくいうよ」というとき、私はいつも相手の真意が気になって仕方ありません。普通ならいわないだろうことを、あえて口にしているのですから、その真意が知りたいのです。

だから「よくいうよ」は、非難というより、むしろ相手の態度に対する素朴な疑問なのです。とはいえ、答えを期待しているわけではありません。あくまでこちら側のガス抜きです。答えが聞きたいなら、もっとストレートに質問するでしょう。「どうしてそんなことがいえるの？」と。でも、別にそこまでは求めていないのです。だけど黙っていられない。その微妙な感情を抑えてくれるのがこの「よくいうよ」というつぶやきにほかなりません。そうとでもいわないと、こっちもやってられないからです。

無難だ

哲訳＊賢明さに対する評価

賢く生きることができる

「そっちのほうが無難だね」。このようにいうとき、私たちは何かと何かを比べています。そして、より難の無いほう、つまりより危険でないほうを選んでいるのです。無難というのは、決してベストな選択ではありません。ベストな選択なら、難が無いなどという消極的な表現はしないでしょう。

では、どうしてこのような表現をするのか？　それはおそらく、いずれもよくないからです。にもかかわらず選ばなくてはならない。そういう状況で、私たちは「無難だ」というわけです。いずれもよくないけれど、どうしても選ばないといけないのなら、害の少ないほう、ダメージの無いほうを選ぼうとするのは賢明な判断です。いわゆる消極的選択です。

いや、無難な選択をするのは、必ずしもよくない選択肢ばかりのときとは限りません。もしかしたらいいかもしれないけれど、リスクが高いという選択肢がある場合にも、私たちはあえてリスクの低いよくないものを選ぶことがあります。このような場合、やはり「無難な選択だ」といわれるのです。

人生は勝負をすべきシーンばかりではありません。リスクを冒してまで選択する必要はないでしょう。そんなときは、リスクの低いものを選んで、勝負を避けておけばいいのです。つまり、リスクが無いという意味で、これが無難な選択ということになります。

このように、無難とは、賢明の言い換えだといえます。したがって、人に「無難だ」というときは、相手の賢明さを評価しているのです。もちろん、「こっちのほうが無難だ」なんていうふうに自分の選択に対していうときは、自分に対して賢明な判断をするようにアドバイスしているわけです。

賢い人はうまくリスクを避けているものです。そして勝負すべきときに勝負する。それが無難な生き方であり、かつ賢明な生き方なのでしょう。

相当だね

哲訳 ＊非難の入り混じったからかい

自分の感覚を確かめる

「相当だね」というのは、程度が甚だしいときに使う表現です。特に対象となっている人のことを非難するときに使います。本人に対して直接いうことはありません。あくまで客観的な描写です。

具体的にどのような場合に使われるかですが、たとえば、会社の中に自分の得になる仕事しかしない人がいるような場合、同僚同士が「あの人相当だね」などと陰口をいうのです。

ここで面白いのは、同意を求める「ね」という表現を必ず伴う点です。つまり、誰かの行為が相当ひどいときに、第三者に共感を求めるわけです。これは「自分はあの人の行為をひどいと思うけど、あなたはどう思う？」というふうに、自分の感覚が正しいかどうか確認しているのです。

人間は程度の甚だしいものを目の当たりにしたとき、それが本当にどの程度のものなのか確認したくなる生き物です。だから「すごいね」だとか「大変だよね」などといって一応相手の反応を見ているわけです。もちろん共感してもらいたいのですが、多少反応が違えば、それはそれで自分の基準を吟味する機会になるので、別に問題はありません。ただ、黙ってはいられないのです。

「相当だね」に似た表現に、「相当なもんだね」というのがあります。この場合もやはり誰かの行為に問題があることを非難しているわけですが、もう少し人物そのものに着目し、かつ「こんなことができるなんて、大した人物だ」と揶揄するニュアンスが出てきます。

これは「相当だね」にも多少含まれるニュアンスです。相手を非難すると同時に、大胆不敵で大したやつだと揶揄しているのです。その意味では、「相当だね」というのは、非難の入り混じったからかいなのかもしれません。

同じ人間なのに、自分の基準ではとてもあんなことはできない。それができるなんて、まったくすごい人だよと。とはいえ、それが正しい感覚なのかどうか、周囲に確認するのです。「相当だね」「相当だと思わない？」というふうに。

さむっ！

哲訳 ＊面白くない言動を救う救世主

周囲がなごやかになる

「さむっ！」といっても、実際に寒いわけではありません。面白くないという意味です。辞書を見ても、「寒い」という言葉自体にそういう意味があるのですが、もともとはやはり体が寒いということに由来する表現であるのはたしかでしょう。

実際、この面白くないという意味で「さむっ！」というとき、私たちは体が寒いというジェスチャーをします。体を縮めて、両腕で自分の体を覆うように。面白くないことを聞くと、背筋がゾッとして体温が下がるということを示しているのです。

では、なぜ面白くないことを聞くと背筋がゾッとするのでしょうか？　おそらくそれは、気持ちが落ち込むからでしょう。楽しいことを聞けば気持ちも盛り上がり、体温が上昇します。面白くないときは、その反対のことが起こるわけです。

ところで、「寒い」ではなく、「さむっ！」というように「寒い」の「い」を省略している点に注意が必要です。このように形容詞の「い」を省略するのは、お笑い芸人が突っ込むときに用いる手法ですが、それが日常でも使われるようになりました。たぶん、このほうが感情をより強く伝えられるからでしょう。

この言葉を使うときは、誰かの面白くない言動に対して、すかさず「さむっ！」という必要があります。そうすることではじめて、この言葉の持つニュアンスが発揮されるのです。

それさえうまくいけば、周囲の笑いを誘うこともできます。だからといって、決して対象になった人をけなしているわけでも、いじめているわけでもありません。むしろ「さむっ！」といってあげることで、相手は救われるのです。

面白くないことをいった人が、周囲からただ面白くないと思われているだけだと逆にあわれですから。そこを「さむっ！」と突っ込んであげることで、周囲の笑いを誘い、なごやかな雰囲気をもたらします。その点で、この言葉は面白くない言動の救世主だといえます。だから面白くないときは、「さむっ！」といってどんどん救ってあげればいいのです。

ウザい

哲訳 ＊尋常ではないものへの驚嘆

相手を敬遠する

「ウザい」という表現は、比較的新しいものだということができます。煩わしいという意味の形容詞「うざったい」の東京多摩地区における方言が、全国に広がったものだといわれます。若者が使うことが多いのですが、一般的にはあまりいい表現ではありません。なぜなら、相手を敬遠するニュアンスを含んでいるからです。

そのせいか、「ウザい」は「キモい」と並んで、いじめを連想させる言葉として取り上げられたりもします。たしかに、「ウザい」といわれる人の言動は、しつこかったり、うるさかったり、面倒だったり、とにかく人に迷惑をかけるような内容です。だからそういう人たちが敬遠されるのはある程度仕方ないのかもしれません。

ただ、それを理由にいじめの対象にするのは言語道断ですし、なにより問題なのは、そこまで迷惑がかかるほどではないのに、「ウザい」という形容の対象になってしまっていることです。単に自分が嫌いだというだけで、「あいつウザい」といったり。

でも、そのおかげで、「ウザい」がかなり軽い言葉になってきているという側面もあります。軽い不快感を表すときに「ウザッ」とか「ウザいよ」などというわけです。これはもう「やめなよ」とたしなめる程度のもので、なんら害を与えるものではありません。

そこからさらに発展して、個性が強く、暑苦しい人のことを「ウザい」と形容するケースも出てきています。この場合は必ずしもネガティブに表現しているわけではなく、相手を評価してさえいるのです。つまり、暑苦しいくらいに個性的だということです。

その意味では、元来「ウザい」という言葉には、尋常ではないものへの驚嘆が表現されているのかもしれません。それが自分にとって害を与えるときは拒絶反応となり、害を与えるものでないときは逆に評価として表れるわけです。

Part-4 くねくね、たらたら

結論のまわりを
ゆっくりと、
なぞるように、
円を描きながら、
どこまでも、どこまでも
話は膨らんでいく。
どこへ向かうのか、
わからないまま。

気の向くままに進んでみよう

くねくねと曲がった山道を歩いていると、なんだか楽しい気分になってくる。もしこれがただの真っすぐな道だとしたら、あまりにもつまらないだろう。くねくねのせいで先が見通せないから、ワクワクするのだ。そしてくねくね曲がりながら、ああでもない、こうでもないと考える。真っすぐではなく、あえて「くねくね」を選ぶ人生。それもいいかもしれない。

すぐにわからなくたっていい

たらたらとしずくがこぼれる。それはとどまることなく続く。ぽたぽたではない。あくまで「たらたら」。「たらたら」は永遠に続く。だから、いったいいつまで続くのか不安がつきまとう。たらたら流れる汗、たらたら流れる血……。たらたら話すときもそうだ。言葉が終わりそうにない不安に人はたじろぐ。でも、そんなことは一向にお構いなしに、言葉は続く。

曖昧な表現をすることによって、相手にこちらの真意を考えてもらう

「くねくね」というオノマトペは、「くねくねとした山道」のように、なんども曲がって続いていく様子を表現するものです。決して真っすぐではなく、また決して短い距離でもありません。とにかくゆっくりと続いていく感覚です。

言葉にあてはめると、やはりストレートに伝えるというよりは、多少回りくどく、時間をかけて相手に伝える表現になります。つまり、その言葉によって相手にこちらの真意を考えさせるということです。

Ｐａｒｔ４では、まずそんな「くねくね」した言葉を中心に哲学していきます。たとえば、「またね」や「そうでもない」といった言葉が典型です。ストレートに表現するなら、「またね」の代わりに具体的な日時を指定したらいいわけですし、「そうでもない」の代わりにどうなのかを伝えればいいのです。でも、あえてこういう曖昧な表現をすることによって、相手に考えさせているのだと思います。

これに対して「たらたら」というオノマトペは、「袋からたらたら

水がこぼれていた」というように、しずくなどがしたたり落ちるイメージです。また、不満を長々と述べるときにも「たらたらと不平をいう」のように使ったりします。これもまたじっくりと時間をかけて、物事が進行していく様子を表現したものだといっていいでしょう。

言葉にあてはめると、一気にいうのではなく、手を変え品を変え表現するといった感じです。そうして話の本筋とは違うところからアプローチし、話を膨らませたり、引き延ばしたりするわけです。

Ｐａｒｔ－４でいうと、「どうでもいいことなんだけど」だとか「つまらないものですが」というのが典型でしょう。必ずしもこれらの話をしなくてもいいのに、あえてそれを挟むことで、話を膨らませることができるからです。多くのことを伝えるためには、こうした方法も有効なのかもしれません。

Ｐａｒｔ－４では、そんな「くねくね」「たらたら」した言葉の本当の姿を哲学してみたいと思います。

あなどれない

哲訳 ＊油断しないための助言

人を見る目が磨かれる

「あなどれない」という言葉は、油断して軽く見るという意味の「侮る」の否定形です。「あの人、なかなかあなどれないわよ」などというふうに使います。つまりこの場合は、油断して軽く見ていてはいけないということです。物に対してだけではなく、この言葉が人に対しても使われる背景には、日ごろ私たちが人間を格付けしている現実があるのではないでしょうか。

たしかに、誰に対しても同じように気を遣ったり、同じように警戒して接するのでは、体がもちません。だから、重視する人とそうでない人を分けているのです。たとえば、ものを頼まれたときでも、大切な人の依頼だとすぐにかつ本腰を入れて対応します。これに対して、軽く見ている人からのものは、いい加減にかつそう急がずに対応します。ひどい場合にはやらないということもあり得ます。

そんなふうに自分の中での位置づけが低い人というのはいるものです。それは自分にとって重要ではないと思っているからです。あるいは、大した能力を持っていないと思い込んでいるからです。ところが、意外とその人が重要であったり、高い能力を持っていることに気づいたとき、私たちは反省するのです。「これはあなどれない」と。

だからこの言葉は、相手に対していっていいるわけではなく、あくまで自分に人を見る目がなかったことへの反省なのです。そして油断しないよう助言しているのです。こういう経験を重ねながら、私たちは少しずつ人を見る目を磨いていきます。裏切られ、失敗を重ねながら。

最初から人を見る目がある人なんていません。誰がいい人だとか、誰が優れた人だとかいうのは、何人もの人を見比べてはじめてわかることだからです。その意味では、人を見る目というのは、時間をかけて形成されるすごい能力なのです。結婚相手を選ぶときでも、人を採用するときでも、ぜひ見る目のある人のアドバイスを仰いでみてはいかがでしょうか。

またね

哲訳＊別れのショックに対する緩和剤

幸福に日常を送れる

「またね」は、別れ際やメールなどの最後に書く挨拶として使われる言葉です。「また」というのは、再びという意味ですから、「またね」は「また今度会いましょう」、あるいは「また次にしましょう」という約束を表しています。つまり、今日はここまでだけれども、続きがあるということを予告しているわけです。

それなら具体的に日時を指定すればいいのですが、必ずしも決まっている場合ばかりとは限りません。実際に決まっていれば、「また○○にね」といえます。でも、そうでない場合は「またね」といって、とにかく関係が続くことを示唆するよりほかないわけです。そうすると相手は安心します。

逆にその効果を利用して、関係を続けるつもりなどないにもかかわらず、「またね」ということもあるでしょう。この場合は、別れ際を気まずくしないようにするための方便です。だから本当は「さようなら」といいたいところを、あえて「またね」といってごまかしているわけです。

その意味では、「またね」は、別れのショックに対する緩和剤だといってもいいでしょう。人は別れが嫌いなものです。たとえそれが一時的なものであろうと、なんとなく寂しい気持ちになってしまいます。そんなとき、気持ちをごまかす何かが必要なのです。

ごまかすというとなんだか悪いことのようにも聞こえますが、この場合は決してそうではありません。出会いがあれば別れがある。別れは必然なのです。ところが別れは悲しいもの。それならば、せめて別れのショックを和らげながら生きていくというのは、人間が幸福に日常を送るための知恵でさえあるといえるのではないでしょうか。

人は希望があるから生きていけるのです。また会えるという希望が。それが本当の約束であるときはもちろんのこと、たとえそれが方便だとわかっていたとしても……。

死にそう

哲訳 ＊気力を振り絞るための自分への檄

踏ん張ることができる

「死にそう」といっても、本当に死ぬときの話ではありません。逆に、本当に死にそうなときに「死にそう」なんていっている人はいません。「死にそう」というのは、あくまでたとえです。死にそうなほど苦しいということです。

ただ、ニュアンスとしては、その苦しさも本当に死にそうなほど甚だしいというよりは、大変な状況であることを大げさに表現している感が否めません。ですから、実際には「もうダメ」というのと変わらないのです。ところが、「もうダメ」というのと「死にそう」というのとでは、聞いた感じが全然違います。

そもそも「死ぬ」という語が持つインパクトは、相当なものです。死とは人間にとって最後の出来事で、その意味で究極の状態を象徴するものだからです。現に「死」を使った表現はいずれもインパクトがあります。「死にもの狂い」「死ぬわけじゃなし」「決死の覚悟で」といったように。

「死にそう」というのは自分の状態を描写したものですが、その意味では最後の気力を振り絞るための自分への檄だといえるかもしれません。死にそうなくらい大変だけれども、なんとか頑張れというふうに。

私もよく使いますが、「死にそう」とつぶやいたあとは、そのまま倒れるより、むしろ頑張ることのほうが多いのです。人にいうときも同じです。「どう?」と聞かれて、「死にそう」と答えるとき、私たちは「究極の状態だけど頑張る」と意思表明しているのです。

面白いのは、そうやって檄を飛ばすことで、本当に踏ん張ることができる点です。きっと覚悟ができるのだと思います。「死にそう」ということで死を意識する。でも、実際にはまだそこまではない。だからやれると思うのです。まだ本当に死ぬほどの状態じゃないと確認するということです。

どんな物事でも、よく弱音を吐くなといわれますが、「死にそう」に関しては別のようです。だって、そうつぶやくことで逆にパワーが出るのですから。

だからこそ

哲訳 *ポジティブ宣言

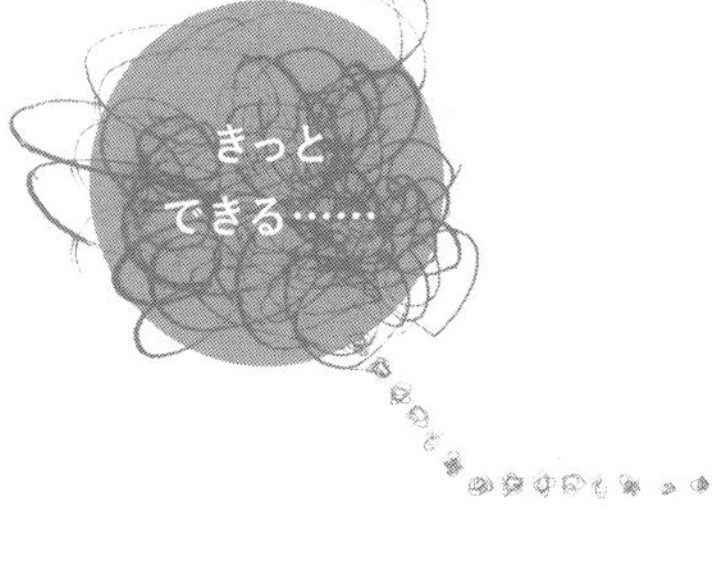

逆境を乗り越えることができる

「だからこそ」という言葉は、「だから」という理由を表す接続詞と、強調の係助詞「こそ」がセットになった表現です。したがって、この言葉を用いると、理由が強調されるわけです。たとえば、「困難なのは百も承知です。だからこそやる価値があるのです」というふうに用います。

この場合、単に「だからやる価値があるのです」と表現しただけだと、なぜ困難なのにやるのか理由がよくわかりません。ところが、「だからこそ」を使うことで、困難であることが逆に理由になるのだという趣旨が明確化するわけです。

その意味で、「だからこそ」は、逆説的なことをいう場合によく用いられます。逆説的なことを説得的に伝えるためには、理由を強調する必要があるからです。「人生は苦しい、だからこそ意義がある」といった具合です。これが「人生は苦しい、だからこそ頑張らないほうがいい」だとしっくりきません。この言葉をよく使う人は、きっと逆境を生かそうとする強い人なのでしょう。

そういえば、面接の定番の質問に、「あなたの長所と短所を答えてください」というのがあります。この場合、自分のＰＲの場で短所を告白するのはジレンマになります。そこで、悪いことを告白しつつも、それをプラスに転じるようなポジティブな回答をする必要があるのです。その際使われるのが、「だからこそ」です。

私ならこう答えます。「短所は人に合わせるのが苦手な点です。でも、だからこそオリジナルなものを生み出すことができます」と。

このように、「だからこそ」は、ネガティブなことをポジティブに変えてしまうポジティブ宣言にほかなりません。このようにして私たちは逆境を乗り越えていくのです。面接に限らず、人を説得しなければならない場面でこの言葉がよく使われるのは、そうした理由からです。

なにしろ

哲訳……＊ちょっとした非常事態宣言

身構える

「なにしろ」というのは、「とにかく」と同じで、どんな事情であってもという意味の副詞です。「なにしろ」の「しろ」は「する」という動詞の命令形ですから、どんな事情であってもやれというニュアンスを持っています。「なにしろ今日中にやらなければならない」というふうに。

他方でこの言葉は、「なにしろ社長がくるのだから」という文脈で用いることもあります。この場合は、どんな事情があってもやれというニュアンスとは少し異なってきます。どちらかというと、「ほかでもない」に近いような気がします。つまり、ほかでもない社長がくるのだから、万全の態勢で臨むということでしょう。

ただ、どちらのケースにも共通しているのは、その行為が特別であって、ほかのこととは異なるという点です。どんな事情でもやれというのは、ほかの事情は考慮するに値しないということですし、ほかでもない特定の誰かを指すときは、その人がほかの人とは異なる特別な人だということですから。

そういえば、私たちがこの言葉を使うときは、いつも切迫した状況にあるように思います。何か特別なことが起こるので、ほかのことは置いておいてでも集中しなければならない状況です。その意味では、ちょっとした非常事態宣言なのかもしれません。

誰かが「なにしろ」といったときには、皆、背筋を伸ばして、気を引き締めなければならないのです。いや、自然にそうなるのです。時代劇『銭形平次』で、子分の八五郎がいう名台詞「てーへんだ、てーへんだ、親分！」と同じです。「なにしろ」と聞くと、皆、何か大変なことが起こるのではないかと身構えるわけです。八五郎の場合、ちょっとオオカミ少年みたいなところがあるのですが……。

この効果を生かして、「なにしろ」を頻繁に使う人がいます。人の注意を引きつけるためです。セールスマンに多いのですが、「なにしろ珍しい」「なにしろ高価な」「なにしろ王室御用達の」といった具合に。でも、使いすぎてオオカミ少年にならないように気をつけなければなりません。

おかげで

哲訳＊人生は思い通りにならないという悟り

コントロールできない人生を受け入れる

「おかげで」という言葉は、漢字だと「御蔭」と書き、もともとは偉大なものの蔭、つまり神様の力によってという意味を表しています。「おかげさまで」という丁寧な表現もよく用いられます。

たとえば、「おかげで合格できました」とか、「おかげで助かりました」というふうに用いるわけです。つまり、誰かの力によって物事が成し遂げられたときに、お礼としていう言葉です。それは特定の誰かの力であることもあれば、神様のように見えない大いなる力を指す場合もあります。

ところで、「おかげで」というとき、私たちは自分の力によるものでないことを強調しているのですが、必ずしも本心からそう思っている場合ばかりとは限りません。謙遜してあえて「おかげで」ということも多いのです。日本人の謙虚さがよく表れている表現だといっていいでしょう。とはいえ、何事も自分一人の力で成し遂げることは困難ですし、なにより物事には常に運が左右しますから、「おかげで」というのは正しいのかもしれません。

面白いのは、この表現が皮肉として使われる場合です。「おかげでひどい目に遭ったよ」というときの「おかげで」です。この場合は、決して感謝しているわけではありません。むしろ非難しているのです。誰かのせいでひどい目に遭ったようなとき、その誰かを責める言葉がこの「おかげで」なのです。

でも、この場合も、やはり物事は自分の思い通りにならないことを認めている点では共通しています。そうやって物事を誰かの仕業にすることで、すべてをコントロールすることのできない自分の人生に納得しようとしているのでしょう。このように、善くも悪くも「おかげで」という言葉には、人生は思い通りにならないという悟りが込められているように思えてなりません。

どうでもいいことなんだけど

哲訳……＊謙虚な号外

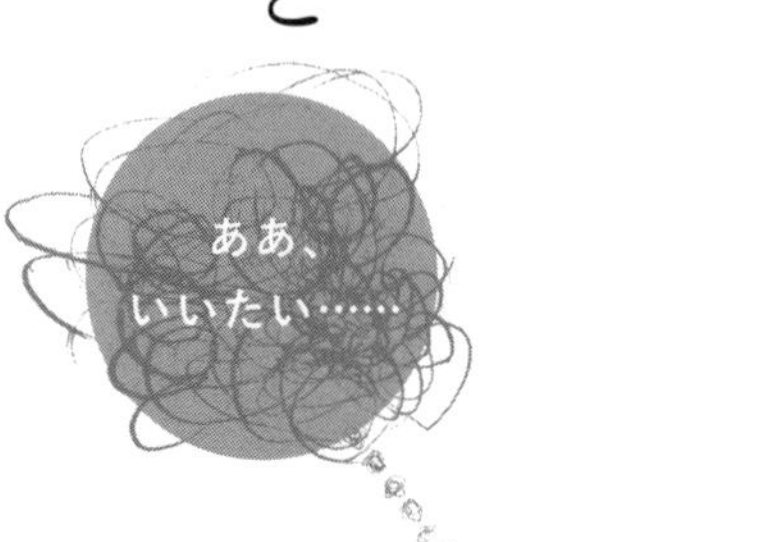

すっきりする

「どうでもいいこと」とは、「取るに足らないこと」あるいは「大したことではないこと」という意味です。したがって、「どうでもいいことなんだけど」という表現も文字通り解すると、「取るに足らないことなんだけど」とか、「大したことじゃないんだけど」という意味になります。

ところが、実際には、この言葉を使う側は本心からそう思っているわけではありません。そうでなければわざわざ口にすることはないでしょう。ただ、文脈上自然ではないため、このようにいっているだけなのです。どうでもいいというのは、あくまで今現在話題になっている事柄にとってはということです。

にもかかわらず、そのような話をするからには、本当はどうでもいいはずがないのです。むしろいいたくて仕方ないのではないでしょうか。だからたいてい、「どうでもいいことなんだけど」といったあとの話題は、自慢や冗談、そして秘密が多いのです。いずれもいいたくて仕方ない内容ですよね。話の中で急に思い出したのでしょう。いわば自分の中のブレーキングニュース、号外です。

では、なぜいいたくて仕方ないくせに「どうでもいいこと」などと表現するのかというと、やはり遠慮しているのでしょう。たとえば、こんなやり取りを想像してみてください。グローバル化の話をしているときに、「あ、そういえばさ、どうでもいいことなんだけど、この前英検に合格したんだ」「へぇーすごいじゃん」。

こんなふうにグローバル化の話からいきなり自分の英検合格の自慢をするのですから、多少の遠慮は必要です。それが「どうでもいいこと」という謙遜した表現につながっているのです。

その意味で、「どうでもいいことなんだけど」は、謙虚を装った号外ということができます。ただ、いわないとストレスがたまるので、いってしまうわけです。一応謙虚に。それですっきりするのです。

つまらないものですが

哲訳 ＊期待の詰まった小さな箱

ワクワクする

一般に「つまらないものですが」は、お土産を差し出すときに使う言葉です。つまり、自分のお土産は大したものでないと謙遜しているわけです。もちろん本当に大したことはないものだと思っていることもあるでしょうし、あくまで謙遜していることもあるでしょう。たとえどれだけすごいものでもこういいます。見るからに高価なものだと慇懃無礼なこともありますが……。

ということは、「つまらないものですが」は、単なる挨拶にすぎないのです。黙って物を渡すわけにはいきませんし、かといってあまりごちゃごちゃいうのもぶしつけです。人に物をあげるときは、何をいっても相手に負担を感じさせてしまうものです。だから大したものではないといって、表現上品物の価値を下げるしかないのです。

ただ、これ以上下げると、なんでそんなひどいものをくれるんだということになりますから、「つまらないもの」というのが限界なのでしょう。「ひどいものですが」とか「誰もほしがらないものですが」とまでいうと、もらう喜びが消えてしまいますよね。謙遜は相手の負担感を消すためのものであって、喜びまで消してしまっては本末転倒です。

たとえるなら、「つまらないもの」というのは、昔話に出てくる小さな箱のようなものです。大きな箱と並べられると一見大したものには思えませんが、本当は小さな箱のほうがいいものが入っているのです。逆に大きな箱にはお化けが入っていたりします。

実際、「つまらないものですが」といわれたとしても、期待して、何が入っているのかなとワクワクします。だいたい、お土産は何をもらっても嬉しいものです。もともと手にする予定のなかったものを手にするわけですから。詰まらないどころか、常にたくさんの期待が詰まっているといっていいでしょう。

勉強になります

哲訳 ＊お礼風おべっか

かわいがられる

「勉強になります」といっても、本当に勉強をしたわけではありません。あくまで「参考になる」とか「いい経験をさせてもらった」ということです。そのことに対して相手にお礼をいっているのです。

特にこの表現は目上の人に対して使うことが多く、やや誇張があるともいえます。おべっかで使う人もいます。要は、相手を立てるために「勉強になります」というのです。たとえば飲み会の席で、上司が自分の経験から部下に人生のアドバイスをしたとします。そういうときに、すかさず「勉強になります」というのです。

この飲み会の席というのがポイントです。「勉強になります」は、おべっかの要素があるので、正式な場面では誤解されることもあり得ます。まじめな口調でいわないと、茶化しているように思われるのです。ところが、飲み会の席ならそれも許されます。

特に飲み会の席では、上司も少しくだけた内容のアドバイスをしたりするものです。夫婦円満のためのコツというようなレベルの。そんなとき「勉強になります」といって頭をペコッと下げるのが、この言葉のもっとも正しいかつ効果的な使い方です。

その意味では、「勉強になります」の本質は、お礼風おべっかなのです。実際、自分がよく知っている内容であったとしても、「勉強になります」ということはよくあります。でも、そういったほうが相手も喜ぶし、こちらも好感を持ってもらえます。誰しも謙虚に学ぶ人が好きなものです。ましてやそれが自分の部下や弟子なら、なおさらかわいいでしょう。かわいがられる人ほど「勉強になります」をよく使います。

想像してみてください。悦に入って上司が人生のアドバイスをしているのに、「それくらいわかってますよ」なんていう部下を。もう評価はがた落ちです。そういうタイプの方、ぜひ気をつけてくださいね。どうです？　勉強になるでしょ？

残念な感じ

哲訳＊つぶやきとしての声援

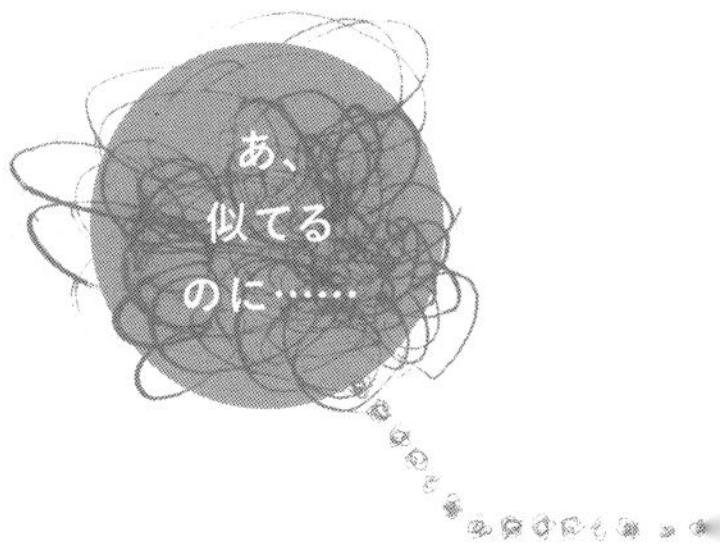

おさまりがつく

若い人がよく「ん～ちょっと残念な感じ」といっているのを耳にします。これはいったい何についていっているのかというと、人間の品評です。容姿でもファッションでもいいのですが、よさそうでよくない場合にこのように評するのです。若者が使うことが多いことからもわかるように、比較的新しい表現といえます。

たとえば、芸能人に似ているんだけれども、何かおかしいとか、おしゃれにしているんだけれども、完璧にできていなくてダサい部分があるとか、そういうときに「残念な感じ」と表現するのです。つまり、頑張っているんだけど、あと一歩が足りなくて残念ということです。惜しいといってもいいでしょう。

もちろん人間だけでなく、ものに対しても用いられるのですが、本質は同じです。せっかくいいものなのに、何か間違っている、何かが欠けている。そういう場合の形容です。その意味では、せっかくいいところまでいっているのに、なぜもう少しなんとかならないのかという声援としてとらえることもできるでしょう。そもそも残念という言葉は、「頑張れ」の裏返しでもあります。今回は残念だけど、次は「頑張れ」というふうに。

そしてなんといってもこの表現を今風にしているのは、最後の「感じ」という語尾です。「○○な感じ」というのはほかにも色々と表現があるのですが、いかにも自分の感情を表しているニュアンスが出ています。「残念」だとか「残念です」といい切ると、意見として外に表明したことになります。これに対して、「残念な感じ」ということで、気持ちが自分の中に生じている状態をうまくいい表しているのです。

したがって、先ほど「残念な感じ」は声援だといいましたが、この場合は相手に届けるための声援ではなく、あくまでつぶやきとしての声援なのです。自分の好きなアイドルに似ているにもかかわらず、イケメンでない人を見たあとは、そうとでもつぶやかないとおさまりがつかないのでしょう。

そこがミソなの

哲訳＊面白い物語の予告

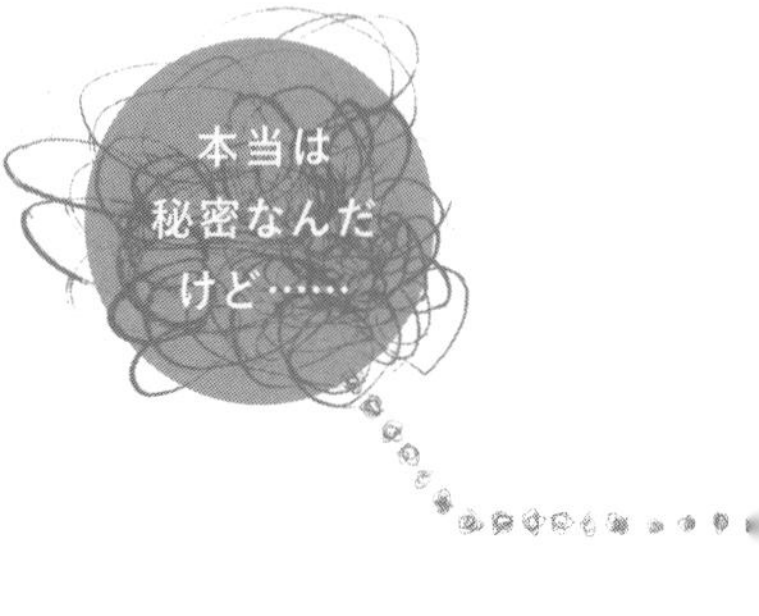

グイッと引き込むことができる

「ミソ」というのは、味噌のことですが、ここでは自慢の部分や工夫を凝らした部分という意味になります。味噌という調味料はそれほど凝っているということなのでしょう。したがって、「そこがミソなの」という場合は、そこが大事な部分だというようなニュアンスになります。

これは単に「そこが大事な部分なの」とか「そこがポイントな

の」というよりも、謎めいた感じがします。いかにもその部分に大事な秘密が隠されているかのような。実際そういうニュアンスのときに使う表現です。

たとえば、「どうしてそんな不思議なことが起こるの？」「そこがミソなの」といった具合です。多少込み入った、ミステリアスな事情があるときに使うわけです。したがって、この言葉を聞いたほうは、グイッと引き込まれます。まるで『ハリー・ポッターシリーズ』の物語を聞かされるかのように。いや、味噌は今や英語でもそのまま「miso」といって通じる日本独自のものですから、「日本の昔話を聞かされるかのように」といったほうがしっくりきますね。

逆にいうと、それほど大したことでなくても、あえて「そこがミソなの」ということで、相手をグイッと引き込むことができるのではないでしょうか？　もちろんそのあとがあまりにつまらないと、せっかくの表現も台無しですから、多少は中身も大事ですが。これは味噌があくまで調味料なのと同じです。素材そのものがおいしくならないのなら、味噌を使っても仕方ありません。

このように、「そこがミソなの」という言葉は、これから始まる面白い物語の予告のようなものです。「いいですか、よく聞いてくださいよ。これから面白い物語をお聞かせしますよ」といった感じで。日本の昔話でいうと、「むかーし、昔、あるところに……」です。どうですか？　グイッと引き込まれましたか？　そこがミソなんです。

そうでもない

哲訳 ＊曖昧な部分否定

対立を防げる

「そうでもない」というのは、一応「それほどでもない」という意味なのですが、若者が使う表現だといっていいでしょう。したがって、イントネーションも独特です。「そうでも」の部分を平板に読むのです。

このようにもともとの表現とは表記もイントネーションも違っていることから、意味にも若干の変容があるといっていいでしょう。

「それほどでもない」というのは、人が予想したほどではなかったということですが、若い人が「そうでもない」という場合は、もっと反論のようなニュアンスが出てきます。

あなたはそういうけれど、あるいは世間はああいっているけれど、ちょっと違うよと。ただ、それを正面から否定すると角が立つので、「そうでもない」という部分否定的な表現をするのです。必ずしもそういうわけではないと。

これはまさに、立場を明確にすることで対立するのを嫌う現代の若者らしい表現といえます。現代の若者というといかにも流行り言葉のように聞こえるかもしれませんが、40代の私も使うのでそれほど最新の言葉という意味ではありません。最新かというと、「そうでもない」のです。ただ、私の親の世代は明らかに使いませんし、私も大人になってから使い始めたような気がしますので、やはり現代的であることはたしかです。

つまり、価値観が多様化して、物事の善し悪しをはっきりと明示できなくなった時代の言葉なのです。そうした時代をポストモダンと呼ぶ人もいます。その意味では、「そうでもない」というのは、ポストモダンに典型の価値判断だといえるのかもしれません。肯定するでもなく、否定するでもない。曖昧な部分否定。

でも、そのおかげで対立することなく、かつ自分の意思を表明することができるのです。問題は、正しい答えが見つからないままだという点です。おそらく「そうでもない」が死語になったとき、日本はようやく新たな時代を切り開くことができるように思えてなりません。

ここだけの話

哲訳 *秘密を守れない自分への言い訳

秘密の拡散に歯止めがかかる

「ここだけの話」というのは、文字通りこの話はここだけにとどめておいてくださいという意味です。他言は無用ということです。「ここ」というのは、英語の表現を見るとわかりやすいのですが、私とあなたの間だけという意味です。英語では「Just between you and me.」だとか「Just between us.」などといいますから。

中国語にも似たような表現があるのですが、どうやらこれは、どこの文化でもある普遍的な表現のようです。というのも、内緒話というのは人間の本質に起因するものだからです。そもそも社会生活を営むうえでは、内緒にしなければならないことが必ず出てきます。問題は、それを自分の中だけにとどめておくことができない点です。

　人間というのは、どうしても自分だけが知っていることを人に話したくなるものなのです。きっとそれは人間が対他的存在だからでしょう。つまり、他者とのかかわりの中ではじめて、自分という存在を認識し、意義を感じるようにできているからです。その証拠に、ずっと孤独でいることに人は耐えられません。刑務所でも一番厳しい罰の一つは、誰ともコミュニケーションできない独房に入れられることだといいます。

　もし人間が秘密を話さずにはいられない存在だとしたら、内緒話などあり得ないことになってしまいます。ただ、一応「ここだけの話」というふうに歯止めをかけるのです。そうでないと堂々と広がっていきますから。秘密の拡散に歯止めをかける必要があるのです。相手も「ここだけの話」といわれると、なんだか自分が信頼されたようで、そう軽々とは口外しないでしょう。完全に防ぐのは不可能なわけですが……。

そしてなにより、この言葉は秘密を守れない自分への言い訳になります。一応範囲を限定したという意味で。本人にとっては、この部分が一番大事なのではないでしょうか。

しっくりこない

哲訳 * 調和を求める戦いの火ぶた

喜びを得られる

「しっくり」という語は、ぴったりと調和しているというような意味を表す副詞です。したがって、「しっくりこない」というときは、ぴったりと合わないというようなニュアンスになります。

何と何がぴったりと合わないのかというと、対象と自分の思いです。つまり、自分が思っていたイメージと違ったり、自分の考えとズレがあると、しっくりとこないわけです。たとえば、その日の気分に合わせて服を選んだようなとき、いいと思って鏡を見ると何かが合っていない。こんなとき「しっくりこないな」とつぶやくわけです。

もっとも、このズレは何事にも不可避であって、むしろ物事が自分のイメージとぴったりくることのほうがまれでしょう。神様と違って人間の場合、どうしても予測と実態にズレが生じます。幸いなのは、そのズレは永遠に埋まらないものでは決してなく、むしろそこを詰めていけるところに人間の面白さがあるといえる点です。

つまり、しっくりこないとき、私たちはしっくりくるまで挑戦を重ねるのです。そうしてようやく満足するわけです。その意味では、「しっくりこない」というつぶやきは、調和を求める戦いの火ぶたのようなものです。「しっくりこないね」といった瞬間から、しっくりくるための挑戦が始まるのです。

それにしても、どうして私たちはそこまでしてズレを埋めようとするのでしょうか？　答えは簡単です。人間は調和を求める存在なのです。何事に関しても、ピッタリと合わないと嫌なのです。にもかかわらず、いきなり調和を手に入れることができない矛盾した存在、それが人間です。

その分、調和を実現したときの喜びはひとしおです。試行錯誤の成果としてもたらされた調和は、あらかじめ何の努力もなく神様が手に入れるそれとは違って、喜びへと直結しているのです。

Part-5
くるくる、きらきら

最後に
大きな声を出したのは、
いつだっただろう？
腹筋に力を入れて、
思い切り叫ぶ。
周囲の視線や
注目を浴びて、
陽気に話す。

まわりも巻き込んでみよう

くるくる回る風車を見ていると、まるでどこか別の世界に吸い込まれていくような感覚にとらわれる。魔法にかけられたみたいに。どうやら「くるくる」には人を惑わす効果があるようだ。では、言葉はどうか？ 少なくとも、この世に人を惑わす言葉があるのはたしかだ。誘惑、甘言、呪文……。言葉の力はすごい。魔法と同じでうまく使いこなす必要がある。

ジッとしていないで行動しよう

きらきら光るお空の星よ、瞬きしてはみんなを見てる。これは誰もが知っている『きらきら星』の一節だ。輝く星の様子を瞬きにたとえている点がなんとも秀逸。そう「きらきら」には動きがある。ずっと光っているだけでは「きらきら」にはならない。常に動いている必要があるわけだ。行動している人は輝いている。そして、輝いている人の言葉はきらきらしている。

みんなを軽やかに巻き込んで、輝かせることができる

「くるくる」というオノマトペは、「一日中くるくる走り回った」とか、「風鈴が風でくるくる回る」というように、軽やかに回る様をイメージするものです。「ぐるぐる」とか「ぐるんぐるん」だと重い感じがしますが、あくまで軽く回るニュアンスがポイントです。だからスピード感もあります。

言葉にあてはめると、フレキシブルにかつスピード感をもって話を展開させるときに使う表現になるでしょう。だからそういう言葉は、大きな声でみんなにも聞こえるようにいうことが多いような気がします。みんなを巻き込む効果があるといってもいいかもしれません。

Ｐａｒｔ-5では、まずそんな「くるくる」した言葉を中心に哲学していきます。たとえば、「じゃあこうしよう」や「ありでしょ」といった言葉が典型です。じっくり考えるのではなく、テンポよく前に進めていく表現です。しかも周囲の人をも軽やかに巻き込んでいく不思議な魅力があります。

これに対して「きらきら」というオノマトペは、「星がきらきら輝く」のように、光を放つイメージです。物事が最高の状態にあることを表現しているといってもいいでしょう。「きらきら輝いている人」というのは、生き生きと活躍している人のことを指しますから。最高の褒め言葉にもなります。

元気がなかったり、自信がなかったりする人を勇気づけるポジティブな表現を言葉にしていくだけで、そんな言葉をかけられることで、人は輝くことができるようになるのです。

Ｐａｒｔ-５でいうと、「ばっちり」だとか「キミならできる」というのが典型でしょう。人はこうした声がけによって、前向きに、変わることができます。言葉には人を輝かせることができるすごい力が秘められているのです。

Ｐａｒｔ-５では、そんな「くるくる」「きらきら」した言葉の本当の姿を哲学してみたいと思います。

たまんないね

哲訳
＊本能の先行状態

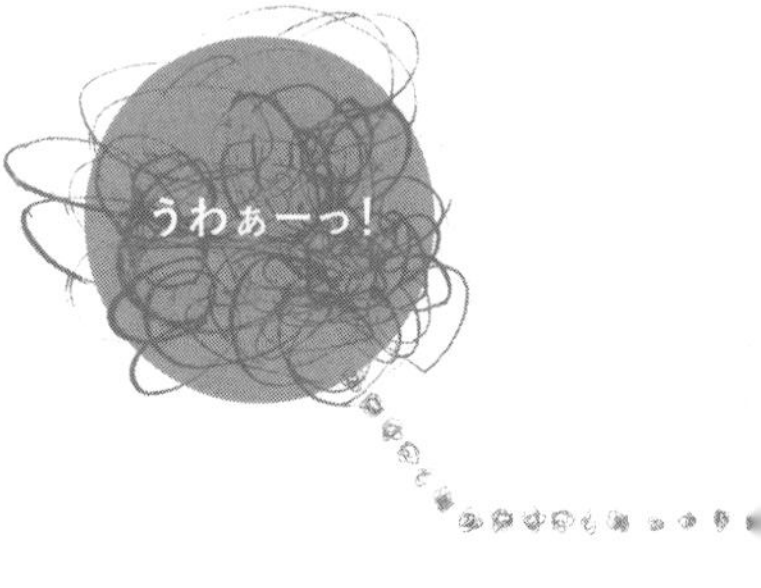

自分の状態が確認できる

「たまんないね」は、「たまらない」の変化したものです。「たまらない」は漢字で「堪らない」と綴るように、こらえられないという意味です。人が何かをこらえられないのには、いいこと悪いことの両方があるわけですが、いいことの場合は我慢できないほどいいという意味になり、悪いことの場合はもう我慢できないほど嫌だという意味になります。

たとえば、いいことがあって最高の気分のとき、私たちは「たまんないね」といいます。そして、悪いことがあって堪忍袋の緒が切れそうなときも、やはり同じように「たまんないね」というのです。

その意味では、一見まったく正反対の二つの状況を表しているようにも思えます。ただ、心がいっぱいになってもう限界であるという点ではどちらも同じです。善くも悪くも心が膨れ上がっているのです。言い換えるとそれは、頭で冷静に考えるよりも、感情が先立っている状況です。つまり、理性よりも本能が先立っているわけです。そんな本能の先行状態こそが「たまんないね」という言葉の本質だといえます。

では、どうして人はこれをわざわざ言葉にするのか。おそらくそれは、自分の状態を確認しているのだと思います。本能が先行しているという現状を把握することではじめて、次の行動へと移ることができるからです。嬉しいなら、喜びにひたって誰かと分かち合う。腹が立つなら、怒ったり仕返ししたりと。

そもそも人間は感情を言葉にしたがる動物です。普通は嬉しければ「やったー」とか「よっしゃー」などといいます。腹が立てば「このやろー」「くっそー」などというでしょう。「たまんないね」もこれらと同じなのですが、いいこと悪いことのいずれにも使えることからわかるように、また、心の限界を表現している点からもわかるように、実はこの言葉こそが、最も原初的な感情の表現なのではないでしょうか。

ちなみに

哲訳＊話のスーパーサブ

本題を引き立てる

「ちなみに」というのは、何かを補足するときに付け加える語です。ただし、「因みに」と綴るとおり、話に因んだ内容、つまり関係した内容であることが必要です。たとえば、ホームランの本数について話をしていれば、「ちなみにその球場のサイズはかなり大きいほうです」などというふうに関連した情報を出すわけです。そうすると、ホームランの数に対する見方も変わってくるはずです。

その意味では、「参考までにいうと」というようなニュアンスです。参考までにいうだけですから、必須の情報ではないわけですが、この補足的な情報が有益な場合もあります。話が上手な人は、この「ちなみに」を効果的に使います。つまり、本題としていいにくいことを、あえて補足的な情報であるかのようにして付け足したりするのです。

そうやって「ちなみに」は、本当に必要なとき、テーマの盛り立て役として登場するのが最適でしょう。だからこの言葉の本質は、話のスーパーサブだと表現していいと思います。それによって話の中の本題を引き立てるわけです。

ただし、あまり「ちなみに」が多いと、それはそれでうっとうしくなります。注釈の多い本が読みにくいように。学術書などは注釈が多いほどいいのですが、あくまでそれは必要に応じて参照するだけです。これを話し言葉でやると、こちら側に参照する機会の選択がないので、とても煩わしく感じます。

スーパーサブは目立ちすぎてはいけません。だからこそサブなのです。スーパーサブが登場しすぎると、メインが引き立つのではなく、メインが足を引っ張られてしまう結果になります。基本は一つの話に一回だけです。ちなみに私が一回のエッセーでこの言葉を使うのも一回だけと決めています。こんな感じで……。

ヤバい

哲訳

＊得体の知れないゾクゾク感

平凡な人生を楽しめる

皆さんは、どんなときに、「ヤバい」という言葉を使いますか？　身に危険が迫っているようなときでしょうか？　それとも、はじめて食べたものをすごくおいしく感じたようなときでしょうか？　最近はどちらのケースも耳にしますよね。

「ヤバい」という語は、もともとは危険だとか不都合なことが起こりそうなときに使うものです。法に触れたり危険であったりして、不都合な様を表す形容動詞の「やば」に由来する語だからです。

実は「やば」という表現は江戸時代から使われており、単に危険というよりは、法に触れて危険だというやや隠語的なニュアンスがある点がポイントです。こういう隠語的な言葉は、いかにも人々の心をくすぐるものです。

私も中高生のころ、「ヤバいことになったぜ」などと友達がいうたび、心配というよりなぜか興奮してしまったのを覚えています。きっと「ヤバい」という言葉の響きに、得体の知れないゾクゾク感が漂っていたからでしょう。

そんなニュアンスを含む語だからでしょうか、1990年代以降、若い人たちはこれを「すごくいい」という意味で使うケースが増えてきました。90年代といえば、バブルがはじけ、人々の間に価値転換が起きた時期です。つまり、お金がない中でいかに楽しむかが模索されていったのです。そうして、いいことでも普通のことでも、とにかく楽しむためにゾクゾク感を得ようという気持ちが、「ヤバい」の意味を押し広げたのではないかと思います。

少し大げさかもしれませんが、危機のときこそ前向きになり、なんでも楽しもうとする日本人のよさがここに表れているように思えてなりません。なんでも心の中でヤバいものにしてしまえば、「ヤバい」という言葉が本来持つゾクゾク感を味わえるわけです。これぞ平凡な人生を楽しむための知恵なのかもしれません。

ばっちり

哲訳＊究極の褒め言葉

最高の気分にすることができる

「ばっちり」というのは、完璧だということです。だから「ばっちりです」なんていわれると、最高の気分になります。自分のやったことが完璧だったということですから。完璧はいいすぎかもしれませんが、少なくとも見事にやってのけたという意味にはなります。

「ばっちり決めてるね」なんて言い方をすることもありますが、これもやはり完璧に決めてるねという意味で、褒め言葉です。完璧

だなんて、すごい褒め言葉ですよね。しかもそれをズバッと一言で効果的に表現していることから、頻繁に使われるのです。その意味でも「ばっちり」という語は究極の褒め言葉だといえます。

ここでいう効果的とは、音声的にも視覚的にも優れた効果があるということです。音声の面では、「ばっちり」という音が、いかにもGOサインのように聞こえる点です。この語がカメラのシャッターの「バチリ」という音に由来するという説もあるくらいですから、そう感じるのも無理がないのかもしれません。

視覚的効果というのは、親指を突き立てるポーズが、「ばっちり」を象徴している点です。最近このポーズは、Facebookで使われる「いいね！」の象徴になっていますが。いずれにしても、「ばっちり」という語を聞くと、あのポーズが目に浮かび、いかにも完璧であるかのように思ってしまうのです。

そういえば、「バッチグー」なんていう表現もありますが、あれは「ばっちり」と英語の「Good」の合成語です。同じような語を二つ並べることで、ニュアンスが強調される効果を狙ったものです。1990年代初頭に流行し、最近はやや死語化しつつあるので、あまり使うと世代がわかってしまいます。でも、本家の「ばっちり」が生き残っているのでバッチグーだと思います。あ、使ってしまいました……。

お手上げ

哲訳 *涙のゲームオーバー宣言

望みをつなげる

「お手上げ」とは、まったくどうしようもないことを意味する語です。両手を上げるポーズが降参を意味するところからきています。「まったくお手上げだよ」という感じで使うのですが、とても困っているニュアンスが伝わってきます。

というのも、降参して両手を上げるというのは、よほどの状況です。戦争で戦っていて、追い詰められたようなときですから、万事休すなのです。おまけに、そこに至るまでは、必死になって戦っていたのでしょう。

これをビジネスなどにあてはめると、それまで必死に取り組んできたのに、万策尽きて、ついにあきらめなければならなくなった状態です。だからこの言葉を聞くと、本当にどうしようもないんだなと感じます。周囲も暗い雰囲気になります。私などは涙ぐんでいる人の姿さえ思い浮かべてしまいます。その意味で「お手上げ」という表現は、涙のゲームオーバー宣言だといっていいでしょう。

ただ、どんなときも人間望みを捨ててはいけません。映画でも、この降参した状態から奇跡の逆転劇が起こったりします。いや、映画の世界に限らず、現実の世界でもそうです。奇跡は必ず起こるものです。「お手上げだよ」といっている人でさえ、なぜかまだ望みをつないでいるように見えます。

戦争でも、降参して出てくれれば、命を奪われない限りチャンスはあります。それと同じなのです。そう考えると、「お手上げ」は生き延びるための宣言でもあります。先ほど私は涙のゲームオーバー宣言と表現しましたが、決して涙の死刑宣告ではない点に注意が必要です。それがゲームである以上、もう一度チャレンジできるはずです。今回は負けても、次があるのです。ぜひ「お手上げ」もそんな希望の言葉としてとらえたいものですね。

ということは？

哲訳 *ファイナルアンサーの助産師

間違いを避けることができる

「ということは？」というのは、質問のようで、純粋な質問ではありません。むしろ結果を確認しているのです。話の流れからして、おそらくこうだろうという結論があるのですが、話者である相手がそれを口にしない。そんなとき、「ということは？」と聞くのです。

もちろん、この場合、答えが明確に推測できるケースと、そうでないケースがあります。明確に推測できるケースの場合、「ということは？」は、単に相手の口から答えをいわせるために促す表現になります。他方、答えが明確に推測できないケースの場合は、まさに答えを明確化してもらうよう促すわけです。

この後者の場合も様々なパターンがありますが、多くは相手がはっきりといわないことに起因しています。なんらかのいいにくい事情があるのでしょう。あるいは、相手が難しい言い方をして、本当に結論が見えにくいこともよくありますが。

これについては、「ということは？」の「と」の部分がすべてを象徴しています。なぜなら、相手の話がよくわからないから、その相手の話した部分を省略して、「あなたが〜といわれたのは、どういうことですか？」と聞かざるを得ないのです。そうでなかったら、その部分を要約したりして聞けるはずです。そしてそれができるということは、話の内容がよくわかっているということになります。

いずれにしても、相手の話がわかっているときもわからないときも、とにかく相手の口から助産師のごとくファイナルアンサーを出させるのが、この「ということは？」という表現のポイントです。そのほうが、はっきりするからです。自分で答えを推測したり、相手の言葉を曖昧なまま受け取っていては、誤解や間違いが生じます。それを避けるためには、はっきりと聞いたほうがいいのです。本人の口から。そのためのテクニックが、「ということは？」なのです。

じゃあこうしよう

哲訳…＊リーダーの証

皆がついてくる

「じゃあこうしよう」というのは、ある事柄を提案するときの表現です。つまり、「そういうことなら、この提案はどうですか？」ということです。事情を勘案して、その事情に合うように、積極的に何かを提案するわけです。

私がこの言葉にすごくリーダーシップを感じるのは、おそらくそうした理由からだと思います。共同体の和を重んじる風土のせいか、学級委員長もつくらない平等教育のせいか、日本人はリーダーシップをとるのが苦手だといわれます。そんな中で、「じゃあこうしよう」などといって積極的に方向性を提示できる人は、かなりリーダーシップに長けているといえるのではないでしょうか。

「こうしよう」と方針を決めるのも大変ですが、そもそも「じゃあ」の部分がまず関門です。なぜなら、そういう事情ならというふうに分析するのは、並大抵ではないからです。そうした分析を冷静に行い、皆が納得するような案を考える。これがファーストステップです。ここでは皆が納得するような案という部分がポイントです。そうでないと、いくら提案しても誰もついてこないでしょう。

セカンドステップは、「こうしよう」と皆を説得する部分です。これは内容の説得性だけでなく、人望や言い方も大きなカギを握ります。それらが総合的に作用してはじめて、人はついてくるのです。

だいたい、皆がついてくるという自信や確証がなければ、「じゃあこうしよう」なんて大胆な提案はできないでしょうが。

その意味で、「じゃあこうしよう」という表現は、リーダーの証なのです。何もこれは常にリーダーというポジションにある証という意味ではありません。そうではなくて、あくまでその時々、何かを決めるときに「じゃあこうしよう」といえた人が、その場のリーダーだということです。

そういうことにしておこう

哲訳＊武士の情け

真相は
別のところに
あるのかも

丸く収まる

「そういうことにしておこう」というのは、真相は不明だけれども、相手がいうのが正しいということにしておくという意味です。なぜこのようなことをするかというと、それは相手の名誉を守るためです。真相を追及すると、相手の名誉やプライドが傷つくような場合に、相手の言い分が正しいことにしておくのです。

たとえば、友人宅に泥棒が入ったとします。その友人は腰を抜かしていただけなのに、警察がきたおかげで泥棒が逃げていきました。このとき、まるで自分が追い払ったかのように話す友人に対して、真相を知っている私は一言こういうのです。「ま、そういうことにしておこう」と。

おそらくその友人は私にウインクするか、気まずそうな顔をしていることでしょう。でも、たとえば女性の前でかっこよく武勇伝を話す友人の名誉を、私が傷つけるわけにはいきません。

その意味では「そういうことにしておこう」は、武士の情けだといってもいいでしょう。人の名誉を守るということは大事なことです。それによって、相手から感謝もされるでしょう。逆に、そこで真相を暴露したら、あとで恨まれるかもしれません。名誉やプライドというのは、私たちが生きるうえでそれほど重要な要素なのです。

もっとも、周囲の人たちも「そういうことにしておこう」と聞くと、一応ニュアンスを感じとるものです。つまり、真相は別のところにあるのかなと気づくのです。でも、皆そういうことにしておくことに賛同するものです。きっとそのほうが場がなごむからでしょう。よほど大事なことでない限り、人は場がなごむことのほうを優先するのです。

誰しも人の名誉やプライドを傷つけてまで、そして恨みを買ってまでつまらないことの真相を知りたいとは思いませんから。丸く収めておくのです。

やわらか〜い

哲訳＊言葉の三つ星

幸福な気分に浸る

この場合の「やわらか〜い」は、レポーターなどがお肉を食べていうアレです。つまり、「おいしい」の言い換えなのです。レポーターに限らず、日常においても、私たちは何かを食べたときにこのように表現します。

「おいしい」というのは当たり前すぎるので、できるだけ具体的に表現しようとするわけですが、その一つがこの「やわらか〜い」

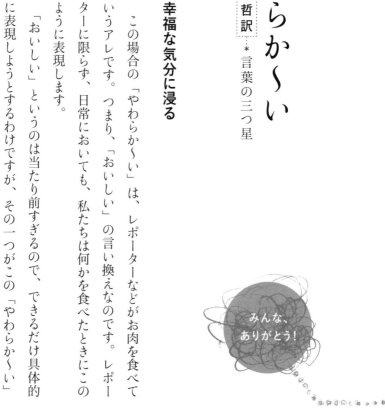

なのです。なぜやわらかいということが、「おいしい」の言い換えになるかというと、食べ物というものはやわらかいほど質がいいという前提が共有されているからでしょう。

かたいお肉はいかにも安物に思えます。お肉だけではありません。魚介類でも野菜でもなんでも、かたいということは食べにくいということです。歯ごたえがあるのはいいですが、かたくては食べにくいだけです。だいたい、新鮮さがなくなると食べ物は水分を欠き、かたくなるものなのです。

やわらかいというのは、新鮮な証拠でもあります。そして新鮮なものはそれだけでおいしいのです。アメリカ人はよくステーキを食べますが、やはり褒め言葉は「やわらかい」です。甘いとか辛いとか、新鮮だとか風味がいいなどとはいいません。やわらかいかどうかが大事なのです。

ところで、誰に対して「やわらか〜い」といっているのかというと、もちろんそれは料理を提供してくれた人です。レストランのシェフでも、もてなしてくれる人でも、お母さんでも誰でもいいのです。そんなすべての人たちに対して、私たちは「やわらか〜い」という言葉の三つ星をあげるわけです。

また私たちは、「やわらか〜い」と表現することによって、自分自身も幸せな気分になります。これもこの言葉をよく使う理由の一つだと思います。やわらかいという言葉は、心のやさしさ、人間関係の円滑さなど、幸福なイメージをもたらすからです。その意味では、「やわらか〜い」といっておいしさを表現しつつ、私たちは幸福な気分に浸っているのかもしれませんね。

かわいい

哲訳＊現代日本の美意識

新しい美の基準を生み出す

ここでいう「かわいい」は、現代社会において若い女性がよく使う表現としての「かわいい」です。というのも、「かわいい」という言葉は昔からある普通の形容詞で、小さくて愛らしいものに心惹かれる様を表したものです。たとえば、小さな子どもや小さなアクセサリーを愛でるときのように。

もちろん若い女性が使う「かわいい」も、同様に小さくて愛らし

いものに対する表現なのですが、単にそれだけにとどまらず、かなり幅広く用いられているように思うのです。極端にいうと、いいと思うもの一般に対して、「かわいい」と形容している感すらあります。

ここにはアニメやファッションの領域における日本文化としての「かわいい」現象が影響しているようです。俗にクール・ジャパンとも称される日本の現代文化は、アニメやマンガのキャラクターのかわいさ、そしてファッションのかわいさが特徴です。それは必ずしも小さいわけではなく、人を惹きつける独特のデフォルメや派手な色の使い方も特徴としているのです。異常に大きな目であったり、カラフルな服のように。

それが海外でも「kawaii」とそのまま表記され、まるで日本文化の代名詞のようになっています。そして本家日本でもそれが若い人の美意識となり、いいと思うものはなんでも「かわいい」と表現するようになってきているわけです。その証拠に、一見グロテスクと思われるものでさえ、「かわいい」と形容されることがあります。中年のおじさんとか。

その意味で、「かわいい」は、新しい日本の美意識と呼んでいいでしょう。そして色々なものを「かわいい」と形容するたび、私たちは日々新しい美の基準を生み出しているのです。もはや、汚物が「かわいい」と形容されるようになるのも時間の問題⁉

食べちゃいたい

哲訳 ＊永遠にかなわぬ愛

光栄な気持ちになる

「食べちゃいたい」というのは、食べ物ではなく、人間に対する表現です。とはいえ、本気で食べたいと思っているわけではありません。あくまで比喩です。食べちゃいたいほどかわいいとか、愛おしいという意味です。

愛おしいのに食べたいとは矛盾しているようにも思いますが、人間は本当に愛おしいと思ったものと一体化したい生き物です。その究極の状態が、食べて一体化するということなのです。恐ろしい話ですが、そうすることでたしかに対象が自分の体の一部となるのですから。

実際、未開の民族の中には、そうした発想から死者の体を食べるという風習を持つ人たちがいるといいます。それによく考えれば、私たちだって肉体こそ食べて一体化しようとは思いませんが、死者の魂が自分の中にいると考えることはあります。これも同じ発想だといっていいでしょう。死んだお父さんの魂が僕の中でいつも見守ってくれているというように。

それにしても、「食べちゃいたい」というのは本当に面白い表現ですよね。かわいい赤ちゃんなどに対してよくこういう表現がされますが、あれをそういうふうに感じるというのは、きっと人間の本能なのでしょう。とにかく好きなものはなんでも自分と一体化させようとする本能です。

ちなみに、異性が触れ合ったり体を求め合うのも同じ理由からです。かといって食べるわけにはいかないので、できるだけ近づき、一体化しようとするのです。その意味では、「食べちゃいたい」という表現は、永遠にかなわぬ愛に似ています。食べたいのに食べられない。だから近づくしかない。

ただ、少なくとも「食べちゃいたい」ということで、気持ちは伝わるでしょう。いわれたほうは、光栄でしょうから。赤ちゃんはわからないと思いますが、親が光栄に思っているはずです。

キミならできる

哲訳 …＊地球を救うための訓示

何事をも成し遂げることができる

「キミならできる」というのは、人を励ますときに使う表現です。文字通り、あなたならできるという意味ですが、ポイントはまず「キミ」という表現にあります。「キミ」、つまり「君」という二人称を使うことで、上からアドバイスをするニュアンスを出しています。

そうすることで、できることを知っている人が、あたかも太鼓判を押しているイメージになるからです。すると、「キミならできる」といわれたほうも、自信を持つことができます。あの人がいうのだから本当なのだろうと。そのため、スポーツなどで、監督やコーチが選手に対してよく使います。「ピンチだが、キミならできる。切り抜けられる」というふうに。会社なら上司が部下に対して、学校なら先生が生徒を鼓舞するためによく使います。

また、「キミなら」の「なら」も重要です。というのも、ほかの人は無理かもしれないけど、あるいはほかの人は知らないけど、あなただけはできるという意味になるからです。そこにはおそらく、これまで努力を重ねてきたあなたならできるとか、ほかの人とは違う能力を持ったあなたならできるという意味が込められているのでしょう。

言い換えると、「キミならできる」は、「ほかの人には無理」ということなのです。だからいわれた側は、自分がやるしかないと思うのです。こんなに強い励ましはほかにはありません。まるで自分だけに地球の運命が託されたかのような心持ちになることでしょう。

その意味で、「キミならできる」という言葉は、地球を救うための訓示のようなものなのです。この言葉によって、人は地球が救えるくらい勇気百倍になり、何事をも成し遂げることができるのです。そうやって「キミならできる」といわれると、本当にできるような気になってくるから不思議なものです。

ありでしょ

哲訳…＊応援のためのメッセージ

肯定してあげることができる

自分の発言に自信がないときなどに、「いや、ありでしょ」といわれると、嬉しいものですよね。「ありでしょ」は最近の言葉ですが、頻繁に耳にします。つまり、「ある」「ない」の「ある」です。「ない」に対して「ある」というのは、それが「あり得る」「あってよい」という意味で、物事を肯定するニュアンスを含んでいます。

ですから、「ありでしょ」ということによって、相手の発言や物事を肯定するメッセージを与えることができるのです。しかも、「でしょ」という語尾が、説得を伴う推量のニュアンスを醸し出します。意外かもしれないけれど、こうじゃないですか？　ねぇ、皆さんそう思いませんか？　という気持ちが表現されているのです。

たとえば私も、まちづくりのための映画祭を企画していたとき、映画に詳しい人ばかりの前で意見をいうのは、緊張したものです。そんなとき、「ありでしょ」といってもらえると、自分が認められたような気がして、とても勇気づけられました。

おそらく、誰もが認めるような内容については、「そのとおり」だとか「たしかに」という表現を使うのでしょう。でも、よく考えてみると意外にいいとか、可能性があるといった場合に、私たちは「ありでしょ」を使うのだと思います。

その意味では、「ありでしょ」は、発言者を肯定するだけでなく、その発言内容の可能性自体をも広げる、いわば応援のためのメッセージなのです。これいいいんじゃない？　ねえ、みんなで応援してみようよといった気持ちが込められているわけです。

日本社会はよく揚げ足をとる空気があるとか、若い人が意見をいいにくい雰囲気があるなどといわれますが、「ありでしょ」がもっと広がれば、そんな空気はガラッと変わってくるような気がします。

人を勇気づけ、世の中にいいアイデアを生み出していくための言葉「ありでしょ」。これはまさにありでしょ！

これでチャラ

哲訳 *庶民のノブレス・オブリージュ

矜持を保つ

「これでチャラ」の「チャラ」とは、差し引きゼロの状態を指します。したがって、「これでチャラ」というのは、これでもう貸し借りはありませんよという意味になります。どういうときに使うかというと、借りのある相手に何かをしてあげたときです。

本来はお金の貸し借りを意味するのでしょうが、どちらかというと日常的にはそれ以外の事柄を指すことのほうが多いような気がします。たとえば、相手に秘密を握られていたようなときに、今度は自分がその相手の秘密を握ったとします。そうすると、これまではその相手に黙っておいてもらわなければならなかったのが、自分も同じ状況になります。そこで「これでチャラ」といえるわけです。お互いに黙っていなければならないからです。

人間は貸し借りをせざるを得ないくせに、貸し借りの嫌いな生き物です。だからチャンスがあれば、迷わずチャラになるような行動をとります。そしていうのです。「はい、これでチャラね」と。そうして自らの矜持を保つのです。

このとき、私たちはかなり颯爽とこのセリフをいう傾向がありま す。いかにもこれまで下手に出なければならなかったのが、対等な立場に回復したかのように。実際そう感じているからでしょうが、時には形勢逆転のような態度にさえなります。

そうなのです、「これでチャラ」といいつつも、本当はこっちのほうが多めに助けてあげているのを、照れ隠しであえてチャラと表現している側面もあるのです。その意味では、「礼には及ばないよ」というニュアンスなのかもしれません。貴族には社会的責任があるという意味のノブレス・オブリージュという言葉がありますが、「これでチャラ」は、いわば庶民のノブレス・オブリージュなのかもしれません。

おわりに

日本語の哲学というチャレンジ

「はじめに」でも少し触れましたが、最近私は日本の哲学や思想に関する研究に力を入れています。その中でふと思ったのは、日本語で哲学をすることの意味です。そもそも哲学は古代ギリシア発祥の西洋の学問であって、日本に入ってきたのは明治になってからです。そう考えると、明治以前には日本には哲学がまったく存在していなかったかのようですが、そんなことはあり得ません。

日本人だってちゃんと物事の本質を探究してきたはずですから。ただ、哲学者の和辻哲郎は、「日本語と哲学の問題」という論考の中で、日本人は感性によって歌を詠んではきたけれど、概念を哲学してはこなかったといっています。さらに、日本語は哲学に向いていないともいっています。

果たしてそうでしょうか？　私自身は日本語にはもっとポテンシャルがあると思っていますし、哲学することも十分可能だと信じています。実は本書は、この和辻哲郎の見解に対するチャレンジという側面も持っています。そこで日本語の日常語を、日本語で哲学してみたわけです。

本書のサブタイトル「哲学者小川仁志の教え」が、若干挑戦めいたニュアンスを帯びているとしたら、きっとそのせいではないかと思います。このチャレンジが成功しているかどうかは、読者のみなさんの判断に委ねるよりほかはありませんが……。
少なくともいえるのは、日常の日本語に哲学的考察を加えてみると、私なりに自分とは何か、そして現代日本人とは何かが見えてきたという点です。日ごろ自分は何を考えて生きているのか、現代日本人は何を考えて生きているのか。その答えがおぼろげながら見えてきました。
もちろんそれは一言でまとめられるようなものではありませんが、あえていうなら「思いやり」でしょうか。日本人の言葉には、「思いやり」がいっぱい詰まっているような気がしてなりません。みなさんは、どんなふうに感じられましたか？　いつかどこかで語り合える日がくるのを楽しみにしています。

さて、本書をまとめるにあたっては、多くの方々にお世話になりました。とりわけ構想の段階から校正に至るまで、きめ細やかなサポートをしていただいた自由国民社の原麻子さんには、この場をお借りしてお礼申し上げます。最後に、本書を手に取ってくださったすべての皆さまに感謝申し上げます。ありがとうございました。

２０１６年夏　　小川仁志

哲学者小川仁志の教え

Hitoshi OGAWA

「まいっか」というだけで幸せになる

「まいっか」というだけで幸せになる
哲学者小川仁志の教え

2016年9月16日　第1刷発行

著者　小川仁志

発行者　伊藤滋
発行所　株式会社自由国民社
〒171-0033　東京都豊島区高田3-10-11
TEL　03-6233-0781(営業部)
03-6233-0788(編集部)
FAX　03-6233-0791
印刷所　奥村印刷株式会社
製本所　新風製本株式会社

イラストレーション　赤井稚佳
ブックデザイン　長信一(PEACS)
本文DTP　有限会社中央制作社